Propósito da Essência

Caminho Transpessoal
para a Quinta Dimensão

Lais Ceesar

Propósito da Essência

Caminho Transpessoal
para a Quinta Dimensão

© 2019, Madras Editora Ltda.

Editor:
Wagner Veneziani Costa

Produção e Capa:
Equipe Técnica Madras

Revisão:
Silvia Massimini Felix
Arlete Genari

**Dados Internacionais de Catalogação na Publicação
(CIP)(Câmara Brasileira do Livro, SP, Brasil)**

Ceesar, Lais
Propósito da essência: caminho transpessoal para a quinta dimensão/Lais Ceesar. – São Paulo: Madras, 2019.

ISBN 978-85-370-1208-6

1. Autoconsciência 2. Energia vital
3. Espiritualidade 4. Essência 5. Evolução
6. O Eu 7. Psicologia transpessoal 8. Transformação (Psicologia) 9. Transição planetária I. Título.

19-28027　　　　　　　　　　CDD-150.1987

1. Autoconsciência e transformação: Psicologia transpessoal 150.1987
Maria Paula C. Riyuzo – Bibliotecária – CRB-8/7639

É proibida a reprodução total ou parcial desta obra, de qualquer forma ou por qualquer meio eletrônico, mecânico, inclusive por meio de processos xerográficos, incluindo ainda o uso da internet, sem a permissão expressa da Madras Editora, na pessoa de seu editor (Lei nº 9.610, de 19/2/1998).

Todos os direitos desta edição reservados pela

MADRAS EDITORA LTDA.
Rua Paulo Gonçalves, 88 – Santana
CEP: 02403-020 – São Paulo/SP
Caixa Postal: 12183 – CEP: 02013-970
Tel.: (11) 2281-5555 – Fax: (11) 2959-3090
www.madras.com.br

Índice

Sobre o Livro 7
1 – Missão – Mudança 8
2 – Mudança do Padrão Vibratório da Terra 11
3 – 2010 a 2017 16
4 – Propósito de Vida 20
5 – Transformação 26
6 – Sentido e Propósito 31
7 – A Interdependência da Quarta Dimensão 34
8 – O Narcisismo da Terceira e a Autoestima
    da Quarta Dimensão 38
9 – Vibração Amorosa: A Base da Quarta Dimensão 44
10 – A Passagem 54
11 – Integração Corpo – Alma – Ego/Independência
    Emocional/Desapego/Realização afetiva 57
12 – A Quinta Dimensão – Verdade 59
13 – O Novo Paradigma 62
14 – Ser, Antecedendo Receber: Essência Sem Buscas 66
15 – Os Arquétipos e o Alinhamento de Suas Qualidades 71
16 – Alinhamento Com as Constelações 78
17 – Criando Felicidade 87
18 – Felicidade e Ressonância 91
19 – Ressonância 97
20 – Confiança e Rendição 100
21 – Fluxo e Retenção 103
22 – O Amor e o Caos de Deus 108
23 – A Alma Como Veículo para Manifestação da Essência ... 115

24 – Rematrizando as Passagens da Vida 119
25 – Independência Emocional para o Amor Transpessoal 125
26 – Relacionamento e Propósito 127
27 – Paixão – Reconstrução – Poder Com Amor 128
28 – Integração Divino e Humano 135
29 – Ser Confiável para Si Mesmo – Escolhas 145
30 – Relacionamentos na Quinta Dimensão 150
31 – Integração para a Completude Afetiva 156
32 – Amor Integração 157
33 – A Alma na Condução da Vida 159
34 – A Conexão Com a Alma na Quinta Dimensão 162

Sobre o Livro

Ao falar sobre esta obra não posso deixar de reportar-me à anterior. O primeiro livro trata de questões profundas, ao mergulharmos em nosso ego de maneira a analisar tudo aquilo que nos forma, nos constrói e ao mesmo tempo desconstruir tudo o que foi construído para a busca de um novo eu, ou seja, nossa verdadeira essência.

Neste segundo livro, há um salto do eu para atingir algo mais transcendente: a busca do divino. O eu e o divino nos tornam um só, à medida que, a cada dia, persigo insistentemente entender quem sou, qual a minha verdadeira essência, relatado na primeira obra, e como ela se aprimora ao conectar-se com o divino.

Ao entender todas as dimensões por qual passamos ou ainda passaremos, encontramos uma sensação real da verdadeira liberdade do eu. Ao encontrar essa liberdade, sinto-me parte do todo no universo, pois não mais me julgo e tampouco julgo o outro. O outro sou eu. E tudo o que realizo com amor, também estou realizando no outro, desencadeando uma verdadeira revolução no encontro da conexão una entre mim e toda humanidade.

Magaly Sartori Haddad, educadora

1

Missão – Mudança

Este livro tem por intenção facilitar o autorreconhecimento e alinhamento com a essência nesses tempos de mudança. Em uma escola iniciática, esse processo é absolutamente profundo e as práticas de transmutação mais fortes não podem ser transmitidas em livros. Porém, esse pode ser um objeto intermediário entre a personalidade e a consciência maior. Para não cairmos no risco da superficialidade, pois estamos saturados de sugestões de autoajuda, que só promovem uma harmonização supérflua, precisamos deixar claro que sem uma transmutação profunda dos aspectos inconscientes, o campo energético se desalinha facilmente. Pois são nossas distorções emocionais que perturbam nosso campo. Assim, este livro pode ser um caminho para que o leitor alinhe um pouco mais seu ser essencial com seu ser existencial. Quando a identidade pessoal se aproxima da identidade espiritual, então é possível a apropriação do poder de criação da felicidade. Este pode ser um facilitador para a reconexão com a essência, mas é importante que se esteja ciente que sustentar uma vida essencial é um processo interminável de reconhecimento e transmutação das camadas mais superficiais às mais profundas.

Se estamos na essência, nos alinhamos, e quando nos alinhamos podemos acessar a essência mais facilmente. Somos essência, mas na maior parte das vezes não estamos sendo quem somos. É muito mais comum estarmos que sermos. Somos o amor, mas muitas vezes estamos carentes, impacientes, julgadores; somos o poder divino, mas muitas vezes estamos submissos, autoritários, fracos, dependentes; somos sabedoria, mas muitas vezes estamos ignorantes, pessimistas, com a sensação sem saída. Todas as negatividades que expressamos é exatamente o que não somos em essência, mas, por separação de nossa divindade, passamos a acreditar que somos muito mais o que não somos. Reconhecer e liberar as falsas identificações que fizemos no decorrer da vida é o que precisamos fazer para aliviar nosso campo multidimensional e nos reencontrarmos com a essência. Nossa tarefa é viver plenamente cada momento mágico da vida. A manutenção do estado de gratidão é a chave que abre todas as portas.

A vibração da quinta dimensão, que alinha nossa vontade individual à vontade divina, é amor e gratidão. Podemos acessar esses estados vibracionais, mas só podemos sustentá-los se liberarmos o que não somos, aspectos dissonantes, profundamente enraizado em nossos cérebros.

Os traumas mais enraizados são registrados no primeiro cérebro, pois acontecem desde a gestação até os primeiros meses de vida, quando ainda não há completo desenvolvimento dos outros cérebros. Todos possuímos em maior ou menor grau registros traumáticos nessa região. Estes são sensações não decodificadas pela mente consciente. Grande parte dos traumas também estão registrados no segundo cérebro, que responde emocionalmente. Os registros traumáticos fixados no primeiro cérebro só podem ser modificados através de sensações, assim como os traumas do segundo cérebro só podem ser modificados por meio da emoção.

Quero dizer, não é possível transformar traumas profundos através da mente racional, do terceiro cérebro. Pois esta não pode acessar os dois primeiros cérebros. É por meio do despertar sensorial ou emocional que os traumas podem ser modificados. Quando se acessa conscientemente as sensações e emoções registradas no trauma, este se descongela. Possibilita-se, assim, que a energia aprisionada no trauma tome um novo caminho.

Há também a possibilidade de através do quarto cérebro modificar os dois primeiros. Ativando campos sutis da consciência é possível mobilizar sensações e emoções para que estas tomem novos caminhos. Por essa razão é que a psicoterapia transpessoal, rituais terapêuticos, vivências xamânicas, entre outras atividades energéticas, possibilitam mudanças significativas. Práticas que mobilizam o quarto cérebro podem transformar profundamente, porque são capazes de acessar os dois cérebros mais antigos. A mente racional não pode produzir mudanças profundas, pois esta não consegue acessar os níveis mais profundos.

Quando acontece alguma mudança significativa na vida é porque houve acesso aos níveis sutis da consciência, ainda que a pessoa não tenha claro conhecimento do que aconteceu. Então, experiências espirituais, místicas, encontro de almas, enfim, vivências que acessem a essência podem trazer mudanças profundas, pois mobilizam o quarto cérebro, capaz de conduzir novos fluxos energéticos.

Tendo consciência ou não, o que realiza a transformação é o fluxo energético. Mobilizando o campo energético é possível descongelar padrões vibratórios estagnados, conduzindo-os a novos caminhos. Novos fluxos energéticos alteram caminhos cerebrais, produzindo consequentemente mudanças externas.

Faz parte de nosso propósito alterar o próprio fluxo para alinhar a humanidade. A missão grandiosa é individual, simples e humilde. É no silêncio da essência que relembramos sermos deuses.

2

Mudança do Padrão Vibratório da Terra

Para termos maior compreensão de nosso campo energético, precisamos ter clareza da mudança do padrão vibratório da Terra que está afetando nosso campo. A humanidade e o planeta percorrem um ciclo evolutivo. Esse processo segue uma linha ascendente e o padrão vibratório da Terra vai se modificando em uma escala similar ao desenvolvimento dos triângulos (reconhecidos como chacras). Estes são centros energéticos que convertem a energia presente no universo em energia para o campo multidimensional (campo formado pelos níveis: físico, emocional, mental e espiritual). As dimensões são padrões vibratórios (qualidade energética).

Segue abaixo a correspondência entre os sete triângulos e as sete dimensões manifestadas na Terra.

1º Triângulo – Corresponde à nossa força vital, energia física e vontade de viver na fisicalidade. Está associado à estruturação de nossa base de segurança. Quando fortalecido, confere ligação com a Terra e sensação de estar presente no corpo físico. – Triângulo da estruturação.

1ª Dimensão – Corresponde à formação do reino mineral na Terra. Formou-se a base do planeta e o cérebro reptiliano. A Terra era ocupada por répteis e ainda não havia mamíferos. – Dimensão da estruturação.

2º Triângulo – Corresponde à abertura para relacionamentos e estruturação das emoções. Habilidade para buscar no mundo o suprimento das necessidades. – Triângulo da base de relacionamentos.

2ª Dimensão – Formação do cérebro límbico e da vida física na Terra. A amamentação do mamífero abre o campo da Terra para relacionamentos. A humanidade estava voltada para a sua sobrevivência física. O humano se relaciona para a finalidade de suprir suas necessidades básicas. – Dimensão da base de relacionamentos.

3º Triângulo – Está associado ao lugar que o indivíduo ocupa na Terra, incorporação das regras e padrões de comportamento, respeito a si mesmo e percepção do outro. Estruturação egoica. – Triângulo da socialização.

3ª Dimensão – O ser humano passa a se organizar em sociedades, criando regras de convivência. O desenvolvimento do córtex passa a diferenciar o humano dos outros animais. O humano se torna um animal político. Grande desenvolvimento do nível mental e da tecnologia. – Dimensão da socialização.

4º Triângulo – Está associado à abertura do coração e à capacidade de se colocar no lugar do outro. Habilidade de dar e receber amor. Possibilidade de sentir compaixão e esperança. Maior respeito nos relacionamentos. – Triângulo do amor.

4ª Dimensão – Esta dimensão é apenas uma passagem. Assim como o quarto triângulo é um intermediário entre os três primeiros triângulos voltados para a vida física e os três superiores mais associados aos níveis espirituais, a quarta dimensão é uma passagem entre o padrão vibratório da terceira e quinta dimensão. O ser humano expande mais sua capacidade amorosa. Passa a perceber o outro mais pelo coração que pelos atributos egoicos. Enfraquecimento do domínio do ego. As escolhas não visam somente aos próprios interesses, mas ao bem comum. Possibilidade de acessar outros níveis de consciência, além da fisicalidade e do nível pessoal. Acesso ao nível transpessoal, que lhe possibilita ter maior percepção da vida e das pessoas, além das aparências; assim como maior abertura para a intuição e *insights*. Maior desenvolvimento do quarto cérebro reconhecido em crianças índigo.

Essas crianças possuem habilidades especiais, grande sensibilidade, capacidade de compreensão e senso ético e de justiça. Essa nova geração intenciona implantar uma nova era para a humanidade.

Em tomografia já é possível visualizar uma calosidade, que indica a formação de um novo cérebro. A primeira dimensão desenvolveu o cérebro reptiliano; a segunda, o límbico; a terceira, o córtex; e atualmente a quarta dimensão traz a formação de um cérebro com uma inteligência transcendente. – Dimensão do amor.

Neste momento na Terra estamos saindo da terceira dimensão para a quarta, e a quinta dimensão já está presente na Terra. As outras dimensões, primeira e segunda não desaparecem, porém vão diminuindo sua força.

5º Triângulo – Corresponde ao alinhamento da vontade pessoal com a vontade divina. Maior conscientização dos propósitos de vida. Busca do significado maior da vida. Entrega da vida ao comando do eu superior. – Triângulo da entrega à divindade.

5ª Dimensão – O ser humano está entregue ao comando da sua essência. Seus aspectos da criança ferida, do eu inferior e do ego são presentes, mas não estão mais no domínio da vida do humano, ressonante com a quinta dimensão. Cada qual cumpre seus propósitos de vida. Quando essa dimensão for dominante na Terra, o todo se alinha ao projeto divino. – Dimensão da entrega à divindade.

A nova civilização que nasce nesse novo ciclo galáctico, que pelo calendário maia teve início após o dia 21 de dezembro de 2012, coincide com a recente entrada em 2008/2009 do padrão vibratório da quinta dimensão na Terra. Essa dimensão iniciou neste período e enraizou-se no dia 28 de setembro de 2015, quando a vibração da ascensão, conhecida como onda x, manifestou-se na Terra. Esse pico de energia de fótons possibilitou o despertar para um terço da população para iniciar o processo de alinhamento com a quinta dimensão. Podemos concluir, portanto, que após o caos envolvido no processo de mudança, entraremos em uma civilização mais alinhada com a vontade divina. O alinhamento planetário previsto para esse período está ressonante com o alinhamento divino da Terra.

Sendo assim, as mudanças que estão acontecendo e que acontecerão no planeta também servem ao propósito desse alinhamento. As transformações planetárias iriam acontecer independentemente da ação destrutiva do homem. É claro que a inconsciência do zelo pela Terra intensificou esse processo. Então, as mudanças continuarão a acontecer, porém quanto maior for a conscientização do humano para com o cuidado de sua morada, a Terra, os sofrimentos coletivos são amenizados.

O importante é estarmos conscientes de que existe uma correlação entre a entrada na quinta dimensão e o novo ciclo galáctico. Podemos permanecer em tranquilidade e confiança porque quaisquer mudanças, individuais ou coletivas, que ocorrem nestes tempos é para uma melhor composição do todo. Escolhemos no nível da alma participar desse processo encarnados na fisicalidade, porque possuímos recursos internos para lidar com as transformações. A personalidade que se alicerça em partes distorcidas de nós mesmos, como a criança ferida e o ego, teme sempre as mudanças. Existe uma criança assustada dentro de nós e um ego controlador que temem os desconfortos da mudança. Porém, nosso eu superior tem a possibilidade de acolher e dirigir os aspectos de nosso humano.

A questão é ficarmos conscientes se estamos dando poder para nossas partes desalinhadas ou para a nossa essência. Quando conscientemente permitimos que nosso ser essencial comande nossa vida, então nos dessintonizamos do medo e passamos a estabelecer sintonia com a confiança natural. O aprendizado mais importante que temos a fazer nestes tempos de mudança é nos ancorarmos em nossa essência. Ao estabelecermos esse ancoramento, a qualidade da fé pulsante na essência tranquiliza nossos corações.

Diante da mudança vibratória da Terra, não é mais uma questão de escolha alinhar ou não nosso campo. Estamos sendo arrastados para o alinhamento. O fato é que, se estivermos conscientes de nosso campo, em um trabalho diário de manutenção energética para elevarmos nossa frequência na potencialidade maior de nossa essência, amenizamos os sofrimentos individuais e coletivos.

Os ciclos de mudança galáctica sempre aconteceram na Terra a cada ciclo de 5.125 anos, trazendo transformações profundas. Nosso sistema solar se desloca em uma elipse que nos afasta e nos aproxima da luz central da galáxia a cada 25.625 anos. O final de cada ciclo de 5.125 anos, correspondente a uma quinta parte do grande ciclo, é marcado por fortes mudanças na Terra. A diferença desse ciclo, que estamos finalizando agora, para os outros que já passamos, é que pela maior consciência do homem, a mudança é mais interna que externa. Há tempos os dinossauros foram exterminados em uma mudança de ciclo; atualmente, nossas distorções interiores é que estão sendo transmutadas.

É uma rica oportunidade de transmutação evolutiva estarmos encarnados neste momento em que a Terra recebe o alinhamento do centro da galáxia. Nunca houve tanta facilidade para a transformação e cura em todos os níveis do ser como atualmente. Se no nível da alma escolhemos viver neste tempo é porque viemos com o propósito da aceleração do padrão vibratório individual e coletivo. Todos estão participando do processo de purgação pessoal e coletiva. Quanto mais consciente se torna a escolha da transformação, menos sofrido é o processo.

Quanto mais nos empenhamos para a liberação do que não é verdadeiro para a nossa alma, sustentando a autofidelidade essencial, maiores são as ressonâncias e sincronicidades positivas que atraímos. Assim, a passagem para a nova dimensão, realizada de forma consciente, torna-se uma prazerosa aventura.

3

2010 a 2017

O período entre 2010 e 2017 foi um ciclo de sete anos que nos convidou ao mergulho interior, por conta das grandes transformações planetárias. O sofrimento nesse período pode ter sido decorrente das separações, quer sejam relacionamentos, trabalho, lugares, grupos, aspectos do ego, da criança ferida, da sombra, entre outros.

Foi um período para apropriação de nosso poder que vem da conexão com a Terra, com o Universo. Seguem abaixo as possibilidades desses anos, com base nos medalhões de Salomão, que correspondem aos arcanos do Tarô. O que não aprendemos integralmente nesse período, podemos recuperar agora, pois as lições para o aprendizado que se intensificaram desde 2010 continuam persistindo em nossas vidas.

2010 – Foi o ano da Roda. Muitos reveses marcaram o ano de 2010. O aprendizado foi a FLEXIBILIDADE. A roda gira e podemos estar no ápice ou na baixa em determinadas situações. Precisamos manter o centro, preservando nossa estima e nossa confiança. Se não permanecemos no centro, permitindo que as situações ditem nossa vibração, então passamos a maior parte da vida em estado vibracional doloroso ou aflitivo.

Vamos observar as fases da roda da vida:

• O topo (a fase em que consideramos estar com sorte, quando tudo está correndo bem na maior parte das áreas de nossa vida ou naquela que consideramos a mais importante)/A negatividade: medo de que vai acabar, ansiedade decorrente da expansão da energia, preocupação com o futuro, etc.

• A queda (a fase em que começa o declínio ou a desestruturação do estável que estávamos vivendo)/A negatividade: vitimização, culpa, raiva, dúvida de si mesmo, medo da perda, oposição à vida.

• A baixa na roda (a fase em que a vida não está como gostaríamos, estamos em desafios ou dificuldades)/A negatividade: tristeza, depressão, desesperança, sensação de fracasso, impotência, etc.

• A subida da roda (a fase em que a vida começa a melhorar e começamos a obter o que desejamos)/A negatividade: esta pode ser a fase mais confortável ou prazerosa da vida, mas, ainda assim, o sabotador interno pode surgir, querendo que as coisas aconteçam logo, disparando ansiedade.

Pois bem, se não estamos no centro, e identificamo-nos com os fatos ou com as emoções decorrentes dos fatos, então somos reféns e passamos a vida sem viver a graça e a riqueza de cada fase. Vamos observar a sabedoria de cada fase:

• O topo: saborear a vida, vivendo com intensa presença o momento presente.

• A queda: desapego e entendimento de que tudo tem um tempo para se desestruturar, porque a alma está pedindo uma nova configuração. Silenciar para entender o pedido da vida.

• A baixa: prática do autoacolhimento e do amor incondicional por si mesmo. Silêncio para aceitação e consciência de que tudo tem um propósito.

• A subida: não precisamos apressar o curso do rio. Saudemos a graça da vida.

• Para todas as fases: consciência de que tudo tem um tempo para acontecer e tudo sempre passará; portanto, vivamos a vida como ela é. E sempre gratidão, gratidão, gratidão!

2011 – Foi o ano da Força. O aprendizado foi o PODER legítimo da essência. O aprendizado foi estar no próprio poder para não perder o eixo diante das situações. O aprendizado coletivo desse ano foi a força, o poder legítimo da essência. As lições foram voltadas para a apropriação do poder espiritual. O treinamento foi estarmos no domínio de nossa própria energia.

2012 – Foi o ano do Enforcado. O aprendizado foi a ACEITAÇÃO. A essência age, mas compreende aquilo que não pode ser mudado. Esse pode ter sido um ano de estagnação ou de interiorização. O treinamento foi silenciar e fluir com a vida. Ter a presença do fluxo, mesmo diante da paralização. Ação para tudo que depende de nós e aceitação para tudo que não depende de nós.

2013 – Foi o ano da Morte. O aprendizado foi a TRANSFORMAÇÃO. Foi um ano de intensas mudanças para todos, porém, para os que já vinham fazendo as mudanças necessárias solicitadas pela essência, os reveses foram reconhecidos como positivos. Nesse caso, as mudanças foram compreendidas como um caminho para a essência. Para os que resistiram à mudança, foi um ano em que o apego levou ao sofrimento. O treinamento é desapego, porque toda FORMA sempre perderá a FORMA. Para toda forma que criamos na vida, já criamos outra no astral que a substituirá. Ficar confortável com o caráter transitório da vida.

2014 – Foi o ano da Temperança. O aprendizado foi a FÉ. Após as transformações ocorridas nos anos anteriores, a fé foi preservada, confiança de que tudo o que aconteceu estava certo. A fé não é resignação nem pensamento mágico que aguarda um mundo cor-de-rosa, mas é confiança na perfeição maior da vida. Manter o mundo cor-de-rosa por dentro, mesmo quando ele se torna cinza por fora.

2015 – Foi o ano do Diabo. O aprendizado foi a CONSCIÊNCIA ESPIRITUAL. Esse foi um ano de desconstrução dos aprisionamentos. Liberação ou aprisionamento de vínculos e questões que prenderam a energia. O apego ao financeiro, os vícios, as relações simbióticas ou limitantes, quaisquer identificações com o ego trouxeram mais sofrimento. Foi ano de conscientizar-se de que tudo que não é ressonante com a essência traz algum tipo de sofrimento. O treinamento foi discernimento. Silenciar para fazer escolhas a partir da verdade.

2016 – Foi o ano da Torre. O aprendizado foi o DESAPEGO. Tudo o que não é essência ou que limita a realização de nossos propósitos é mais facilmente derrubado na energia da torre. Foi o ano da verdade da essência. Propício para reavaliação para que se deixe morrer as falsas crenças, ilusões e dissonâncias. O treinamento foi manter o centro diante do desmoronamento.

2017 – Foi o ano da Estrela. O aprendizado foi a ENTREGA. Após os sete anos anteriores de intensa transformação, esse foi um ano para deixar fluir. O ser já aprendeu as lições de flexibilidade, poder, aceitação, transformação, fé, consciência espiritual e desapego. Pode ter sido uma trégua ou, ainda que os desafios individuais e coletivos tenham persistido com intensidade, aprendemos a viver nesse novo mundo de aceleração e transformação. O ano de 2017 completou o ciclo de aprendizado e, tendo passado pelas transformações de cada ano, firmamos raízes em um novo mundo, a quinta dimensão.

Essas sete qualidades-chave é o que precisamos desenvolver para que nosso campo energético esteja "preparado" para as transformações planetárias decorrentes da mudança de ciclo galáctico: Flexibilidade, Poder, Aceitação, Transformação, Fé, Consciência e Desapego. Essas qualidades facilitam a entrega. Entregarmos a direção de nossa vida ao comando de nossa essência colabora para a harmonização planetária nesses tempos de mudança. Ser mais uma célula alinhada, presente na consciência maior, torna-nos contribuintes para a formação mais elevada da Terra.

Os que se mantiveram em sua essência experimentaram uma compreensão holográfica desse momento histórico e certamente não paralisaram na sofreguidão. Nosso eu superior, aliado ao inconsciente coletivo e aliado ao campo da Terra, não está contra nós. Mas são nossos aliados na evolução. Nossa alma está muito feliz por termos escolhido participar em nível consciente dessa grande aventura planetária.

4

Propósito de Vida

A mudança de padrão vibratório da Terra convida para a reconexão com o propósito de vida. A transformação planetária tem por finalidade levar o indivíduo a um mergulho em si para separar-se do que o afasta de seu verdadeiro eu e de suas tarefas de vida. Neste momento de transição, a melhor contribuição que temos a fazer é cada qual se ancorar em seu propósito de vida.

Propósito de vida é tudo que se faz expressando a essência. O propósito de vida não está somente na profissão, mas em todas as áreas da vida. O que fazemos expressando a essência é propósito, o que é realizado mecanicamente está fora do propósito. Se o propósito de vida é apenas expressar a essência, de alguma forma todos estão expressando, entretanto a maior parte das pessoas está longe de serem elas mesmas com todos e em todas as situações. Falar em propósito de vida pode remeter o indivíduo a uma sensação de dívida ou que deveria fazer mais ou salvar alguém ou a sociedade. Na verdade propósito de vida é apenas ser, não é um ato messiânico.

A questão básica que nos afasta de quem somos é o medo. O medo básico que faz com que alienamos partes de nós mesmos é o medo do PODER e do AMOR, assim como, paradoxalmente, o medo de ficar sem poder ou sem amor. Todos nós possuímos, em maior ou menor grau, esses quatro aspectos que nos afastam de nosso propósito de vida:

• O medo do poder faz com que retiremos a energia de nosso campo para entregar a algo do externo ou a alguém. Dessa forma, ficamos com menos energia disponível para nossas realizações.

• O medo do amor faz com que nos separemos das pessoas, negando o fluxo do coração e reprimindo nosso eu amoroso. Por isso, deixamos de realizar o único propósito comum a toda a humanidade: o amor que regenera a unicidade. Além disso, com a energia do amor contida, nossas realizações ficam esvaziadas, perdendo o sabor da vida.

• O medo de ficar sem poder faz com que cristalizemos padrões de controle sobre a vida e sobre as pessoas. O controle rompe com o fluxo natural da energia, e nossos propósitos sempre nascem da fluidez, nunca da manipulação.

• O medo de ficar sem amor pode, inconscientemente, levar-nos a reprimir partes de nós mesmos para privilegiar a melhor combinação com o outro. Essas partes anuladas fazem falta para a realização dos propósitos.

A base para realizar nossos propósitos de vida não é procurar com a mente o que precisamos fazer, mas nos apropriarmos das qualidades do PODER e do AMOR. Quando nos apropriamos dessas duas qualidades, o terceiro fluxo que completa a trindade naturalmente se manifesta: a SABEDORIA. Então, a sabedoria pode nos conferir clareza sobre os caminhos a seguir. Nunca é o intelecto ou a mente racional que descobre nossos propósitos. É de dentro para fora que nasce a vontade da essência que se alinha com a vontade divina. Essa é a energia do quinto triângulo. Quando este está alinhado e fortalecido, nossa vontade é a mesma que a vontade divina. Nesse caso, não há um conflito entre o que a personalidade quer e a demanda da alma, mas uma convergência. Dessa forma, o ego, executor da personalidade, serve a essência.

A qualidade do poder é responsável pela sustentação das escolhas da alma. Ouvir a alma por meio da sabedoria não é garantia de realização de seu comando. Quando há falhas em nossa base de poder, mesmo que estejamos cientes do caminho a seguir, podemos lançar mão de justificativas racionais para não fazê-lo, caso a orientação de nossa alma entre em choque com aspectos estruturados de nossa vida. As orientações de nossa alma nem sempre nos conduzem a um caminho confortável. É claro que quando construímos nossa vida a partir das orientações da essência, é a única forma de encontrarmos felicidade. Porém segurança, conforto, estabilidade, entre outros atributos da terceira dimensão, podem, na maioria das vezes, estar bem incompatíveis com os anseios essenciais.

Na verdade, quando estamos realmente realizados, não nos preocupamos com a segurança, porque o caminho trilhado na essência já pode ter nos conferido uma confiança natural na vida. O desconforto envolvido no processo da mudança, que precisamos fazer para seguir a essência, é uma dor totalmente suportável perto da saciabilidade da alma contida na realização verdadeira. No encontro do propósito e essência, parte dos buracos internos são curados. A sensação básica de preenchimento é a felicidade. O preço pago pela personalidade para seguir a essência é mínimo perto da verdadeira satisfação da alma.

Então, precisamos da qualidade do poder para conseguirmos percorrer os caminhos de nossos propósitos. O propósito não vem pronto, é um trabalho artesanal. Claro que encontramos facilidades para cumpri-lo. A conexão consciente com o fluxo que vem do Universo e com o fluxo que vem da Terra amplia ainda mais a facilitação. Por ressonância, encontramos os meios intermediários para todas as realizações da essência. Entretanto, os desafios também estão presentes no caminho da alma. Entre eles, o mais comum é a dificuldade de desapego.

Toda mudança implica deixar para trás algo incompatível com o novo caminho. A dificuldade é maior quando está em envolvimento alguma forma de comprometimento com outras pessoas, como por exemplo uma pessoa que sustenta a família largar um trabalho relativamente seguro para seguir um novo caminho profissional desconhecido. Por essa razão é que acima de qualquer compromisso está a fidelidade à alma. O bem da essência nunca é só para si. Apesar do desconforto implicado na mudança para todos os envolvidos, o resultado "final" sempre é o bem comum. Não há nada que seja bom para nossa essência e mal para a essência do outro. Dessa forma, nunca podemos enxergar as pessoas envolvidas em nossa mudança com a ótica da personalidade. Precisamos percebê-los sempre de essência para essência. Esta não é dramática e compreende os ciclos da vida.

Deixar de seguir qualquer chamado da essência por causa de uma pseudofidelidade ao outro é uma desconexão com o próprio poder. O indivíduo que não se ama o suficiente e não assume que não tem coragem para seguir a alma projeta no outro essa responsabilidade. Não fazer isso ou aquilo por causa do outro é uma forma de colocar um gancho energético no vínculo, que drena a energia de ambos. Além da drenagem energética, é bastante comum permanecer uma raiva latente que de tempos em tempos é descarregada no relacionamento. Portanto, não seguir a verdade essencial por causa do outro é uma armadilha para ambos.

Essa armadilha ainda pode ser perfeitamente camuflada com a máscara do amor. A questão é que em nossa sociedade egoica, o amor é facilmente confundido com mistura energética. O "amor" misturado, que é a simbiose, não respeita nem a individualidade nem a essência do outro. O amor essência não é individualista nem simbiótico. Em qualquer relacionamento – íntimo, de amizade, familiar, profissional ou social – o amor está presente quando estes estão no propósito. O amor é o respeito mútuo pela essência de ambos os envolvidos no vínculo. Amar o outro em essência só é possível quando o amor por si já está estabelecido.

Então, o poder sustenta a mensagem da sabedoria, e o amor por si sustenta o poder. Assim, sabedoria, poder e amor são as bases para as realizações dos propósitos da alma. Quando uma dessas qualidades está enfraquecida, os propósitos não podem ser plenamente realizados em todas as áreas.

Propósito de vida é o foco mais importante para o realinhamento do planeta. Passaríamos de qualquer forma pelas mudanças físicas da Terra, porém o desalinhamento individual contribui para o desalinhamento de nosso planeta. Esse desalinho aumenta as consequências resultantes das transformações planetárias. Assim, se estamos encarnados neste período em que a Terra passa pela manhã galáctica, é porque viemos com o propósito de mudança. No século passado, muitas situações poderiam permanecer inalteradas por muito tempo. Porém, nessa nova dimensão, não é uma escolha se queremos mudar ou não. A mudança é o convite da alma. Se resistimos a ela, estamos indo contra nossa própria essência, apenas perpetuando algum tipo de sofrimento, consciente ou não.

Há a mudança que é o chamado da alma e há aquela que pode afastar ainda mais o indivíduo de sua essência. Quando a mudança é resultado do mecanismo de fuga, o indivíduo pode até acreditar que está evoluindo, mas está apenas mudando os cenários de sua vida. Por isso precisamos respirar diariamente com a intenção de estarmos ancorados em nosso assento da alma, para que as orientações essenciais sejam mais fortes que outras solicitações de aspectos involuídos de nós mesmos.

Aqueles que estão mais acostumados a seguir mudanças provenientes do fluxo do propósito certamente estão mais preparados para as transformações planetárias. Isso porque confiam que, por maior que seja o aparente caos, existe um propósito que nos move para um caminho melhor. E este é o verdadeiro propósito das mudanças planetárias: alinharmo-nos com a frequência mais alta da luz para seguirmos em um planeta renascido em um padrão vibratório mais essencial. Nossa essência não está nem um pouco preocupada com as mudanças externas, ela apenas segue seu caminho em direção a uma vibração cada vez mais alta de luz. Para cumprir esta intencionalidade, não importam as penas sofridas pelos outros aspectos da nossa personalidade.

O papel da essência para com essas outras partes menos evoluídas de nós mesmos é o acolhimento. Acolher a partir de nossa essência, nosso ego preocupado, nosso eu inferior sabotador e nossa criança amedrontada é o que precisamos fazer sempre diante de qualquer mudança. Quando esses aspectos são acolhidos, deixam de estar no comando na tentativa de sabotar a mudança. Certamente, toda intenção de mudança essencial não sustentada foi sabotada por um desses aspectos. O eu inferior sempre teme mais luz; o ego teme a imperfeição e a segurança abalada; a criança ferida teme sempre algum tipo de falta. Seguir a essência frequentemente nos leva mais para luz, abala nossa rede de segurança e aparente perfeição e, enquanto não estabelecemos o novo caminho, podemos sentir a falta do que ficou no caminho antigo. Portanto, a conscientização desses aspectos é fundamental para a sustentação da mudança consciente.

Podemos observar que, por trás dos aspectos que podem sabotar a mudança, está o medo. Essa emoção básica do ser humano tem a função de ser um aliado protetor, que se apresenta, porém, quase sempre de forma distorcida. Precisamos acolher a intenção positiva da parte de nós que quer nos proteger, mas liberando a distorção negativa. Podemos aceitar uma parte de nós mesmos que quer nos proteger, mas deixando que nossa essência converse com ela, para que o medo não nos paralise. Precisamos dizer para essa mãe interna preocupada que nossa essência pode cuidar de nós. Deixar que a mãe essência possa assumir as rédeas, acolhendo a mãe medo. O acolhimento faz com que a intencionalidade original de nossa parte medrosa, que é a proteção, fique presente saudavelmente em nosso campo. Dessa forma, ficamos com a proteção amorosa, mas liberamos o medo.

Quando estamos alinhados em nossa alma, mesmo que o medo esteja presente, não deixamos de agir. A questão principal é que os medos geralmente são inconscientes, assim, o indivíduo paralisa; mas por não estar consciente do medo, pode acusar sempre o externo por sua paralisação ou encontrar argumentos racionais que iludem sua personalidade, acreditando que as coisas devem continuar estáticas. Para realizarmos nossos propósitos, precisamos conhecer nossos medos. A honestidade de olhar para si é, portanto, a base do caminho para a Luz. Evolução espiritual é integridade.

5

Transformação

As mudanças energéticas influenciam nosso campo magnético, empurrando-nos para a transformação. Dessa forma, não é mais uma questão de escolha se queremos ou não nos transformar. Caso ela não venha pela consciência em uma entrega consciente ao fluxo da mudança interior, que caminha necessariamente para uma melhor composição da vida na essência, a transformação se fará presente por meio de um uma eclosão interna ou de um instrumento externo. Essa eclosão pode ser uma doença física ou emocional, tal como medos inconscientes constantes, pânicos, depressão, entre outros. Um instrumento disparador do processo transformatório pode ser qualquer forma de perda, acidentes ou danos. Qualquer tipo de revés tem, por intencionalidade básica, o regresso à essência, facilitado pela desidentificação com algo externo que teria um significado prioritário.

Qualquer relacionamento, papel social ou questão da vida que priorizamos acima de nosso ser deve, neste período de transformação, sofrer um abalo para suscitar em nós a memória original que deveria ser o alicerce de nossa identidade. Para aliviarmos a ansiedade básica proveniente de estarmos espremendo todo nosso campo de luz para habitarmos o corpo físico na civilização de terceira dimensão, formamos nossa identidade pessoal. A questão é que embasamos a referência de nós mesmos em atributos egoicos. Temos a necessidade de nos autodefinir por meio de identificações fora de nós. A autorreferência que diz "eu sou isso ou aquilo" encapsula a possibilidade de manifestação da essência.

Se nossa identidade está construída em atributos egoicos ou externos, o quadro de nossa vida será permeado pelo distanciamento entre o ser ideal e o ser real. O ser ideal é moldado pelo ego. A expectativa jamais atingida desvia o indivíduo de seus verdadeiros propósitos para a existência, além de condená-lo à frustração e ao sentimento crônico de solidão.

O sentimento crônico de solidão é proveniente do distanciamento do ser real, que é essencial. A saudade de si mesmo dificilmente é reconhecida naturalmente. Claro que uma emergência espiritual pode desvelar essa consciência. Entretanto, para grande parte das pessoas, ou essa necessidade de reencontro com o ser essencial jamais é revelada, desperdiçando uma existência inteira, ou uma emergência externa pode conduzir o indivíduo a um tipo de prejuízo que o esvazia ainda mais, possibilitando-lhe o regresso a um novo-velho caminho essencial.

É comum a busca frenética para o obscurecimento da falta de si mesmo. O indivíduo busca compensações na crença de que irá suprir sua falta básica, mas quando o objeto de compensação é dissonante da essência, há um aumento ainda maior do buraco interno. Relacionamentos e situações ressonantes com a essência podem aliviar o sentimento de solidão existencial. Porém, eles devem servir como um facilitador de acesso à essência, e não como o produto final. Quando transferimos a nutrição essencial ao outro ou ao externo, além de não nos suprirmos completamente, corremos o risco de paralisação pela codependência. A nutrição essencial precisa ser encontrada na única fonte eternamente disponível: a própria essência. Somente na divindade encontramos repouso para o ego cansado e para a criança insaciável.

Se somos chispas divina do criador, encontrar a própria essência é encontrar Deus. E quando o encontramos, podemos também reconhecê-lo no outro, aliviando o abismo entre o eu e os seres humanos, provocado pelo ego. Assegurar nossa personalidade de que a presença divina está em mim, no outro e em tudo nos tranquiliza na trajetória terrena. Nossa identidade que foi construída de fora para dentro por meio de mandatos familiares e sociais precisa ouvir novas consignas do espírito. Temos a tarefa de reeducar nossa personalidade a fim de compor uma nova identidade transpessoal. É um paradoxo, pois tudo que definimos de nós mesmos, ainda que venha de nosso eu superior, pode criar uma limitação, pois todos e tudo é infinito e indefinível. Assim, nossa identidade deve ser composta por novas consignas essenciais, mas precisamos estar conscientes de que toda autodefinição é limitante perante a magnificência de nosso ser essencial.

A identidade transpessoal é composta por atributos de nosso campo sutil da consciência, porém ela não exclui nosso nível pessoal, egoico. Uma identidade formada só de espiritualidade pode ser a própria esquizofrenia. Claro que os papéis que expressamos na vida profissional, social, familiar e todos os outros constituem nossa identidade, entretanto, quando estamos alicerçados na essência, não supervalorizamos esses papéis ou as pessoas e os aspectos ligados a eles.

Dessa forma, tudo o que colocamos acima da essência será abalado. Na verdade, em todos os tempos e em todas as existências, nosso inconsciente sempre provocou e atraiu mudanças para a finalidade de nos reconciliarmos com a essência. Nesse período de transformação de 2010 em diante, o processo só passou a ser mais acelerado. Invariavelmente, para todas as pessoas, se a mudança não vier de dentro para fora, algum fator externo irá abalar os componentes que constituem a segurança pessoal do indivíduo. Sempre que nossa segurança estiver depositada em qualquer segmento da vida que não seja nossa própria essência, passaremos por abalos.

Claro que a segurança básica do primeiro triângulo, como moradia ou qualquer meio de sustentação para o suprimento básico de sobrevivência física, não deve ser abalado, caso a pessoa esteja enraizada na Terra. Assim como precisamos do básico que nos confere segurança emocional, como os relacionamentos íntimos, por exemplo, nossa segurança física e emocional não precisa ser abalada, a menos que supervalorizemos nossa moradia, nosso casamento ou qualquer outro aspecto correlacionado à segurança física ou emocional. Quando amamos a fonte de segurança mais que a própria essência, então nosso inconsciente atrairá o abalo dessas estruturas.

Amar a Deus sobre todas as coisas é priorizar a essência. Quando se deixa de servir à essência, não a reconhecendo para servir ao outro por medo de perder o afeto e não por um pulso essencial amoroso, então a lei do universo foi infringida. Não é um Deus externo que pune nossos desvios da essência, mas nosso próprio eu superior que atrai as consequências para garantir nossa evolução. Repetiremos os sofrimentos provenientes do desvio da essência até aprendermos a nos respeitar e amar. Quando esse aprendizado estiver consolidado, o fardo é aliviado e viver e evoluir pode passar a ser leve.

Esse período de transformação planetária não pode ser interpretado como punição de um Deus superior. O homem viveu até o presente momento da melhor forma que poderia viver em seu nível de consciência. Muitos enxergam o homem como um destruidor de seu planeta e, por sua inconsciência, deve sofrer as punições. Os seres humanos foram compondo a civilização de acordo com seu nível de consciência. Enxergar os humanos como destruidores do planeta e da natureza só nos separa mais da unicidade. Os ambientalistas e os cortadores de árvores da Amazônia fazem parte do mesmo corpo de Deus. Algumas vezes, o ego espiritual pode ser tão perigoso quanto a inconsciência. Os níveis de consciência nos separam, porém no coração, enquanto não encontrarmos um lugar de acolhimento para todos os que diferem de nós, ainda estaremos atraindo consequências negativas para nossa vida e para nossa casa em comum: a Terra.

Precisamos aceitar que moramos na mesma casa que nossos irmãos humanos, e amar a humanidade faz parte de nosso propósito coletivo. Se nosso irmão humano, por exemplo, não recicla o lixo, podemos orientá-lo, mas se mesmo assim ele não aprender, então nossa compaixão pode aliviar sua falta para com o planeta. Enquanto não tivermos compaixão por toda a humanidade e compreensão com todos os nossos próximos, estaremos presos à ciranda de reencarnações. Utopia? Totalmente desafiante, mas essa é nossa missão coletiva, e para nossa essência não tem importância quanto tempo isso leve, se é que podemos mensurar esse tempo. Almejar a ascensão já é cair no ego espiritual.

Não estamos na Terra para nos ascencionarmos, mas para aprender a amar a nós mesmos, aos nossos semelhantes e a tudo o que existe. Temos essa oportunidade diariamente. Jamais conseguiremos responder a todas as situações amorosamente, pois somos divinos vivendo uma trajetória humana, e nosso aspecto humano, muitas vezes, desvia o propósito original de nosso coração. Se criarmos um espírito grato e amoroso e respondermos à maior parte das circunstâncias com essas qualidades, já estamos cumprindo nosso propósito básico de ser humano na Terra.

Enfim, a contribuição que temos a fazer pelo Planeta nesse período de transição é o amor. Quando nos amamos, podemos mais facilmente amar o outro e cumprir nossos propósitos. O amor por nós mesmos nos conduz à nossa essência, e quando caminhamos para a essência, amamo-nos naturalmente.

6

Sentido e Propósito

Um dos aspectos mais marcantes da passagem da terceira para a quinta dimensão é o ancoramento da vida no propósito diário. A terceira dimensão traz a vibração de execução, dinamismo, resultados, ou seja, a ação acontece para a estruturação. O propósito das ações na terceira dimensão tem como base a construção. A terceira dimensão em sua essência é realização, é o humano ter preparado o planeta para que, com a estrutura feita, possamos viver os propósitos do coração (quarta dimensão) e a verdade essencial (quinta dimensão). A terceira dimensão desviada da essência consiste em ações mecânicas, repetitivas, esvaziadas de sentido. Por mais distante que o indivíduo possa encontrar-se de sua alma, ele sempre, em algum nível, está vivendo seu propósito. O que ocorre é que podemos estar realizando o mínimo ou o máximo do potencial da alma. A quinta dimensão vibra na verdade e no propósito. Assim, estamos sendo cada vez mais conduzidos para nosso verdadeiro sentido de vida.

Viktor Frankl é um psiquiatra vienense que encontrou sentido na vida auxiliando pessoas no campo de concentração a encontrarem sentido. Criou a logoterapia. *Logos*, em grego, quer dizer "sentido". A logoterapia consiste em encontrar sentido para a existência. Para Adler, psicólogo austríaco, o que impulsiona o homem é a busca pelo poder, e para Freud, a busca pelo prazer. Para Viktor Frankl, é a busca pelo sentido. Prazer e poder são motivacionais, mas são atributos naturais manifestados pelo humano alinhado. Não precisam ser buscados, mas o ser alinhado tem prazer em suas ações e conhece seu poder, simplesmente por ser quem é. A terapia transpessoal da essência inclui a busca do sentido para as situações por meio da ampliação da consciência dos propósitos da alma. O ser guiado por sua alma pode reconhecer o propósito em todas as situações. Absolutamente tudo o que acontece, e na configuração em que acontece, tem um sentido. O ser da quinta dimensão não paralisa no sofrimento ou na vitimização diante de um episódio doloroso. Após a experimentação da dor, silencia para a compreensão do significado maior do ocorrido. E quando reconhecemos o propósito do aprendizado inscrito nas experiências desafiantes, amenizamos a dor. O deslocamento do corpo emocional para o espiritual pode dissolver parte da tristeza, do medo, da raiva ou de quaisquer emoções dolorosas. Toda busca de ausência de dor ou tensão está fadada ao fracasso, porque a vida é dinâmica e nunca homeostática. Então, precisamos fluir com a vida, apoiando-nos no propósito das experiências desafiantes e prazerosas.

Assim que acordamos, antes de iniciar a máquina mental, podemos experimentar alguns instantes de silêncio. Fazendo isso, iniciamos nosso dia mais alinhados. No silêncio, podemos incluir a intenção de, nesse dia, realizarmos o propósito de nossa alma. Intencionar amar tudo e todos nesse dia pode ser um bom propósito coletivo. Iniciar o dia com a consciência de que ele tem um sentido. Intencionar dar o melhor de nossa essência para as ações e para os seres pode nos conferir um sentido de viver. Podemos nos mover felizes para nosso dia porque há um sentido para ele. Acordar pensando que tem de fazer, fazer, fazer ou pensar em obrigações ou preocupações já nos desconecta da graça de Deus, naturalmente concedida para o dia. Assim que acordamos, naturalmente emanamos a vibração que pode determinar grande parte de nosso dia. Podemos escolher permeá-lo com sentido, prazer e amor, ou com tensão, peso e medo. É uma escolha. Para tudo o que vivemos temos a escolha de qual energia investir.

Escolher a vibração do amor e buscar um sentido para as experiências é o que nos torna felizes. É mais importante como vivenciamos as circunstâncias do que elas em si. Mesmo em situações consideradas insuportáveis pode existir felicidade. Vamos relembrar aqui a frase de Nietzsche: "Quem tem por que viver pode suportar quase qualquer como". O motivo é mais importante do que os fatos.

Se deixamos de perseguir a vida em um querer frenético e deixamos apenas ser, fluindo em sua dança, tornamo-nos livres. Tudo que sentimos que precisamos nos amarra. Viver sem depositar condição para a vida torna-nos independentes e, consequentemente, felizes. É padrão coletivo perdermos momentos e momentos de vida por voltarmos nossa energia para como gostaríamos que a vida fosse e não em como ela é. Podemos sair da insistência do que queremos da vida para o que a vida quer de nós.

A busca do reino de Deus em primeiro lugar assegura-nos o recebimento de toda graça necessária e merecida. Silenciar, ser e viver o dia a dia sem impor expectativas futuras nem combater o presente. Podemos ter focos, sonhos e anseios, mas não persegui-los. Deixar a vida fluir na vida maior, apenas sustentando amor, verdade e propósito a cada dia, é o convite da vibração da quinta dimensão para nós.

7

A Interdependência da Quarta Dimensão

1ª dimensão – "Independência"
2ª dimensão – Codependência
3ª dimensão – Separação
4ª dimensão – Interdependência

O ser da quarta dimensão é totalmente responsável por seu campo de energia e por sua vida. Nas primeiras dimensões do mundo, éramos independentes, demos um salto quando passamos a nos reunir em bandos para nossa preservação. A terceira dimensão, com o desenvolvimento egoico, trouxe a separação do outro, mas continuamos com as codependências da segunda dimensão. Alguns se encontram nas codependências, alienados de si mesmos; outros, na independência, que mascara o amor, separados do outro. A independência é um passo para a saída da codependência para o estado de interdependência. Nesse estado, há a independência, mas também o reconhecimento do outro. O indivíduo independente, mas separado do outro, precisa passar pela dor da perda da máscara de autossuficiência para reconhecer o outro, enquanto o codependente precisa passar pela dor da transformação ou da perda do que o mantém codependente para reconhecer a si mesmo.

Para sustentarmos a autorresponsabilidade, padrão vibratório da quarta dimensão, precisamos sair das codependências para um estado independente. Esse é o grande desafio da passagem da terceira para a quarta dimensão. A vibração de codependência está deixando a Terra. Não está havendo mais uma sustentação vibracional do campo da Terra para as dependências. O processo de independência e a quebra das codependências podem acontecer com muita dor e sofrimento. Porém, quanto maior a consciência de que o autoamor e o autoapoio são o caminho para a realização, menor é o sofrimento.

A independência é um estado de liberdade que não nega o outro, mas há um respeito por si, capaz de sustentar um autoamor em qualquer circunstância. O outro é importante, mas ele nunca pode receber mais energia do que damos a nós mesmos. O estado de interdependência reconhece a importância do outro, enquanto há uma preservação do próprio campo. Quanto de energia se perde para que a codependência seja mantida? O esforço para preservar, agradar ou manter uma situação em vez de respeitar o fluxo natural da energia é um boicote muito comum. Somos filhos da cultura que distorce o amor. O amor da alma é incondicional, enquanto o amor aprendido na terceira dimensão requer condições que, muitas vezes, traem a essência. Desde muito cedo, a criança aprende que o amor dos pais pode depender de seu comportamento. Ainda que o amor de algumas mães seja incondicional, a ameaça, explícita ou não, da retirada do amor é um padrão muito presente em nossa sociedade.

Aprendemos a condicionalidade do amor muito cedo e seguimos em nosso caminho de vida, progressivamente, nos separando cada vez mais de quem somos e do que queremos para nos tornarmos adaptáveis. A adaptabilidade ao outro garante-nos um amor frágil e parcial. O amor codependente não supre a alma, deixando uma contínua sensação de falta. É um engano coletivo a busca do amor condicional para algum preenchimento. Não ser quem eu sou para ser o que eu imagino que o outro espera que eu seja só amplia o buraco interno. É justamente o contrário: quanto mais eu for meu ser, manifestando comportamentos e atitudes que expressam quem eu sou, maior é a possibilidade de receber o amor. Isso porque a sustentação de ser quem se é desperta o amor incondicional por si mesmo, atraindo por ressonância o amor do externo, proveniente da fonte ressonante do momento.

As codependências, que podem não ser somente com pessoas, mas também com situações, papéis sociais, animais de estimação, causas, vícios ou quaisquer circunstâncias externas, formam-se quando perdemos nossa inteireza e inconscientemente acreditamos que só seremos preenchidos com algo que está fora de nós. A perda da inteireza acontece bem cedo na vida. A cada experiência de desamor e reprovação, quando ainda não tínhamos completado o desenvolvimento do raciocínio lógico, pode contribuir para a formação de furos ou estagnações em nosso campo energético.

Os registros de dor em nossos cérebros reptiliano e límbico, que são os mais atuantes nos primeiros meses de vida, formam respostas sensoriais e emocionais que podem nos acompanhar por toda a vida. Uma situação na vida adulta pode acionar respostas produzidas pelos níveis mais primitivos da existência. Quantas vezes vemos um adulto respondendo emocionalmente como um bebê ou uma criança? Respostas de medo, raiva e angústia podem estar desatualizadas do tempo presente, tendo pouco a ver com o fato concreto, sendo um disparo inconsciente de registros cerebrais. Essas respostas não podem ser amenizadas com a mente racional, pois se encontram em outro nível. A consciência aliada à respiração pode atualizar a pessoa ao seu momento atual, proporcionalizando os fatos.

Viver fora do tempo presente, em respostas automáticas do passado ou na ansiedade do futuro, é sinal da ausência de si mesmo. Restaurar a inteireza não é um processo que possa ser realizado pelo nível da mente, mas por meio da cura profunda de bloqueios emocionais, muitas vezes enraizados no campo sensorial. Ser um participante ativo, contribuidor da estruturação da quarta dimensão na Terra, requer mais que meditações e experiências espirituais. Curar os próprios buracos emocionais é a grande contribuição para a cura da Terra.

Sintetizando, os padrões básicos de relacionamento:

• Na independência, o indivíduo preserva seu campo pessoal, sabe delimitar seu espaço, seu poder pessoal está ativo, porém seu cardíaco pode não estar aberto. Suas escolhas podem levar em conta somente a si mesmo. Nesse caso, o indivíduo está bem alicerçado no terceiro triângulo, mais ressonante com o padrão vibratório da terceira dimensão. Pode possuir um ego forte, inflado ou rígido.

• Na codependência, o indivíduo tem dificuldade de preservar seu campo pessoal, pois, por não sustentar uma clareza de si mesmo, precisa que o outro o determine. Suas escolhas podem não ser totalmente embasadas em si mesmo, mas outros externamente ou dentro de seu próprio inconsciente é que determinam suas escolhas. A maior parte das pessoas não tem a menor noção do quanto são determinadas por outros, principalmente por falas internas que pertencem a seu campo familiar, social ou outros. Na codependência, o poder pessoal pode estar enfraquecido. Nem sempre o coração está aberto, pois muitas vezes ele pode ter se fechado em função de ter esperado excessivamente que os outros fizessem por ele ou reconhecessem ou retribuíssem, mas quando isso não acontece, a máscara da vítima pode ter se fortalecido, fechando o coração. O ego é fraco, mas pode ter outros aspectos egoicos como defesa a essa fraqueza. Há falhas no segundo triângulo, em função de carências conscientes ou não.

• Na interdependência, o indivíduo sabe quem ele é e realiza suas escolhas em função de sua própria verdade, que ele conhece e sustenta. É capaz de abrir o coração, estabelecendo relacionamentos de respeito. Preserva o próprio campo energético. Não se separa do outro como o independente, mas também não se mistura com a energia do outro como o codependente. É inteiro nas relações, preservando a própria integridade. O ego é forte, assim como o terceiro triângulo. A interdependência é o padrão de relacionamento da quinta dimensão. A capacidade de o indivíduo saber qual é sua própria ressonância e sustentá-la possibilita estabelecer relações de interdependência. Somente sabendo quem se é, é possível sustentar a própria verdade. Assim, a conexão com a sede da alma é o recurso facilitador para sustentar o ser com poder e abertura para as relações pessoais.

8

O Narcisismo da Terceira e a Autoestima da Quarta Dimensão

A terceira dimensão vibra a energia do poder. A estruturação pela qual o planeta passou, assim como o desenvolvimento tecnológico, foi acelerado no último século, porque o padrão vibratório do poder está bem alicerçado na Terra. O poder é a base da construção. Sem esse atributo divino, ou melhor, quando ele está enfraquecido, por maior que seja a conexão com a alma, as realizações tornam-se comprometidas. O poder bem desenvolvido, sem conexão com a alma, pode trazer realizações para o ego, mas elas se esvaziam com o tempo. E a conexão com a alma, sem poder, falta sustentação para bancar os anseios da alma. Entretanto, quando o indivíduo busca ancorar-se em sua alma, seus aspectos distorcidos passam a ser revistos naturalmente.

A partir desse ancoramento, o fluxo da energia acaba por conduzir o indivíduo para a resolução do que está desalinhado em seu campo pessoal e em sua vida. O caminho para a conexão com a alma pode conduzir o indivíduo a solucionar seu bloqueio de desconexão com o poder pessoal. O oposto já não acontece, quando o poder é bem desenvolvido, mas há desconexão com a alma, o indivíduo pode estar preso a uma crença inconsciente de autossuficiência que o paralisa em sua muralha de defesa. O caminho que pode acontecer para que o indivíduo saia de seu quadrado é alguma circunstância externa atingir seu poder. O que o indivíduo elegeu como fonte de poder pode ser desestabilizado para que ele olhe para além da autoimagem que o define como superior.

Em um primeiro momento, quebrar a onipotência, a imagem de superioridade, a autossuficiência, enfim, o ego rígido ou inflado pode ser bem doloroso. A tendência é cair na polaridade oposta: sensação de fracasso, fraqueza e baixa autoestima. Quando o indivíduo percebe que suas construções foram realizadas em cima de algo que não seja a verdade de sua essência, cria-se uma profunda ferida egoica. O indivíduo passa a reviver sua ferida narcísica. Essa é uma fase do desenvolvimento da criança. Freud definiu o narcisismo como a retenção da libido pelo ego. A criança passa a se eleger como objeto afetivo. Essa é uma etapa do desenvolvimento em que muitos se fixam.

O narcisismo, enquanto distúrbio de personalidade, caracteriza-se por autoimagem grandiosa, supervalorização das próprias realizações e de seus pertences, rompantes de rompimento do fluxo afetivo e desqualificação do outro. Tais manifestações sinalizam a distorção do atributo do poder. Muitas pessoas não possuem o narcisismo como distúrbio, entretanto manifestam sinais de fixação na fase narcísica.

Eleger a personalidade, papéis sociais ou quaisquer aspectos parciais de si mesmo como prioridade na vida, acima dos anseios da alma, é uma manifestação narcísica. Tomar uma parte de si ou de algo como vital, em detrimento da própria totalidade, é uma forma de narcisismo. Esse aspecto é a marca do poder distorcido, que sustenta o padrão da terceira dimensão. A intenção da clonagem humana mostra bem a marca narcísica da terceira dimensão.

Sinais que podem se manifestar quando ocorre a ferida narcísica são: depressão, síndrome do pânico, explosões de ira ou agressividade, busca de álcool, drogas ou qualquer outra forma de compulsão. O narcisista não tolera frustração e reage com base em seus complexos emocionais, desproporcionalizando os fatores externos. Diante da ferida, o narcisista pode apresentar persecutoriedade e oralidade, que se caracterizam, respectivamente, como sensação de que o outro está contra ele e de falta profunda.

Como todos nós possuímos, em maior ou menor grau, uma ferida narcísica, é comum a manifestação de comportamentos regredidos diante da frustração. Entretanto, quanto maior for o ancoramento na essência, ainda que algum complexo emocional emerja, o indivíduo pode não se identificar com a reatividade, já ocupando níveis mais elevados de sua consciência. Na conexão com o eu superior, o emocionalismo dissolve-se naturalmente, não por repressão, mas por consciência.

Muitos sintomas que surgem diante da frustração narcísica têm a finalidade inconsciente de camuflar a vulnerabilidade. Diante do aparente fracasso, o indivíduo pode se reconstruir novamente a partir de identificações egoicas, reconstruindo com seu poder distorcido, de volta, sua imagem inflada. A outra opção é acolher a vulnerabilidade e iniciar uma nova construção de si mesmo e de sua vida; embasada não na superioridade, mas no amor por si mesmo, que naturalmente se manifestou como consequência da reconexão com sua essência.

A vulnerabilidade é a encruzilhada que pode ser o divisor de águas que lançará o indivíduo para a integração de sua alma com sua vida externa. Nessa fase, é importante o indivíduo perceber que sua alma permitiu que o "fracasso" acontecesse para que ele pudesse se trazer de volta. O retorno à essência só é pleno quando vamos desfazendo tudo com o que nos identificamos. Toda identificação é uma forma de aprisionar o ser. Para qualquer aspecto, que colocamos a nutrição essencial fora de nós, mais cedo ou mais tarde teremos de desmoronar, quer seja por imposição da vida ou por rendição ao caminho da alma.

A cura para as distorções do ego e do poder se encontra na cura dos aspectos narcísicos, assim como o realinhamento do ego e do poder, naturalmente, alivia a fixação narcísica. O narcisismo é um amor distorcido por si mesmo, portanto, sua cura encontra-se no realinhamento do amor. O autoacolhimento, o autorrespeito, a apreciação real de si e das próprias realizações são caminhos para o redirecionamento saudável do amor por si. O amor real por si mesmo, sem distorções de superioridade ou inferioridade, é o caminho para a cura das distorções egoicas. O autoamor é o caminho de reconexão com a alma, e o ancoramento na essência restaura a autoestima. A passagem do padrão egoico para a essência da terceira para a quarta dimensão encontra-se no treinamento da construção amorosa.

Não fomos educados para desenvolver apreciação ou apoio incondicional a nós mesmos. A cultura, que há alguns anos era mais ressonante com o padrão vibratório da terceira dimensão, criou-nos para sermos especiais, superiores e competitivos. Há segmentos na sociedade que estão trazendo novas criações de maior valorização do ser, em detrimento do ego. Entretanto, a cultura embasada em princípios separatistas ainda é mais dominante. Embora o padrão vibratório da Terra esteja mais na quarta dimensão, a cultura ainda está apegada ao padrão antigo. Podemos concluir que fatores externos acontecem e acontecerão para que haja a quebra dos modelos vigentes defasados. No novo mundo, onde nos encontramos agora, o que foi embasado no ego e nas distorções está ruindo ou estagnando. Todavia, o que foi construído embasado nos anseios da alma está em crescimento. A Terra, naturalmente, apoia o que é ressonante com a essência.

Não fomos preparados para construir uma vida baseada na verdade da alma. Mas o pulso de nossa essência integrada aos fragmentos de amor verdadeiro que vivemos na infância pode ampliar nossa consciência para o amor incondicional por nós mesmos. Mesmo que alguém se perceba, distorcidamente, como nunca ter sido amado, de alguma forma, em algum nível, o amor se fez presente em algum momento esquecido. Já está provado cientificamente que não há sobrevivência sem amor nos primeiros meses de vida. Se estamos vivos, é porque fomos amados por algum cuidador. A semente de amor plantada nos impulsiona para a vida, mesmo que não estejamos conscientes dela.

De qualquer forma, quase todos possuem uma sensação interna de não ter sido amado o suficiente pelo pai ou pela mãe. Essa sensação, muitas vezes inconsciente, obstrui a capacidade de o indivíduo conceder amor a si mesmo, pois é comum aquele que não se sente suficientemente amado camuflar-se para encontrar o amor não recebido em outras fontes. Essa camuflagem somente o afasta de sua essência, diminuindo ainda mais a possibilidade do autoamor verdadeiro. As decepções com as fontes externas são a oportunidade de resgatar o olhar para si. Enquanto o amor por si não é garantido, as decepções sempre se farão presentes, pois nada nem ninguém pode substituir o acolhimento da essência.

Enquanto o apoio e o amor incondicionais não são desenvolvidos, o medo e o sentimento de fracasso estarão presentes. O narcisismo é o amor enviesado por si, ressonante com o padrão vibratório da terceira dimensão, enquanto a autoestima da essência é o amor incondicional, ressonante com a quarta dimensão. O oposto do amor é o medo. Quando o amor é retirado por si, sempre vai existir o medo. Os artifícios utilizados para esconder o medo podem perdurar por anos; e muitas construções são realizadas para ocultar essa emoção. A emergência da alma pode ir revelando a falência dessas construções. Tudo que está falindo é para a finalidade da maior expressão da alma.

O que está ruindo foi mobilizado pela alma. Em algum nível, o ser permitiu que isso acontecesse e é um progresso. Ainda que a personalidade possa em alguns momentos se desesperar, a alma consentiu a falência de ordem física, afetiva, material, profissional, familiar ou de qualquer outra ordem. Assim, enquanto o ego se desespera, a alma está tranquila participando do processo. É sempre o ego ou a criança interna ferida que sofre com as perdas. Em outra parte de nós, lidamos tranquilamente com as transformações. Quanto mais treinamos alcançar os níveis mais sutis da consciência, menor é o sofrimento.

Nosso aspecto narcísico, que inclui a criança ferida e o ego, não aceita quando as coisas não acontecem como gostaríamos. Entretanto, nossa essência almeja transformações, porque elas são a oportunidade do regresso para o ser. Quando a energia foi empregada em algo que chegou ao fim, quer seja um trabalho, um projeto ou um relacionamento, é a oportunidade de que ela seja dirigida para algo mais ressonante. A sobreposição da quarta sobre a terceira dimensão tende a trazer a ruína de tudo que foi investido a partir do ego. O narcisismo, que consiste no direcionamento da energia para o ego, está ruindo. E é a oportunidade de a energia ser direcionada para a essência. Para acompanharmos a nova dimensão, precisamos retirar a energia que depositamos tanto em nossos aspectos quanto em nossas construções egoicas e redirecioná-la para o essencial.

Direcionar a energia para a essência é estabelecer um amor incondicional por si mesmo. A partir disso, as construções embasadas no ser passam a ser mais valorizadas, assim como nossos aspectos essenciais. Novas construções a partir da alma passam a ser fecundadas e o amor por si mesmo pode transbordar para o outro em compaixão. O medo cede espaço para o amor.

Podemos viver a vida sendo joguetes das vibrações que se encontram ao nosso redor ou podemos escolher as ressonâncias para a nossa existência. Toda acusação ao externo é uma negação da própria responsabilidade e uma abdicação do próprio poder. A qualidade do poder de nossa essência garante que somos e fazemos o que precisamos para a integridade de nosso campo.

9

Vibração Amorosa: A Base da Quarta Dimensão

Sustentar a vibração amorosa nos vínculos e contatos é o treinamento diário para ancorarmos a vida na quarta/quinta dimensão. As relações são nossos desafios, pois por meio delas expressamos nossa luz e também reconhecemos nossa sombra. Os conflitos de relacionamento podem nos levar a rebaixarmos nosso padrão vibratório para níveis inferiores de nossa dimensionalidade. Os vínculos íntimos ativam nossos complexos emocionais. Por mais centradas ou saudáveis que sejam as pessoas e seus relacionamentos, questões emocionais são ativadas. Para alguns, diária e constantemente; para outros, apenas em algumas circunstâncias.

Há também os que se encontram embotados emocionalmente, portanto congelados na terceira dimensão, sem sentir dor, mas também, não desfrutando do prazer proveniente da abertura do coração e diminuindo a capacidade de amar, junto com a diminuição da quantidade de oxigênio trazida para o organismo. Esses podem ser facilmente confundidos com saudáveis, entretanto, podem estar tão profundamente feridos que sentimentos podem representar uma grande ameaça à pseudoestrutura enrijecida. A arrogância e a onipotência são seus pilares de sustentação. Um revés fortemente significativo para a autoimagem construída ou um colapso no nível físico pode abrir uma fenda na muralha de proteção.

Uma sensação ou um sentimento desestruturadores podem reabrir o fluxo para os sentimentos congelados serem liberados. A vibração da quinta dimensão na Terra empurra o ser humano cada vez mais para resgatar sua capacidade de amar. E, para isso, as ilusões de separatividade têm sido quebradas; assim como as ilusões de simbiose, que é uma distorção do amor. Tanto os que amam apegadamente quanto os que fecharam o coração estão atraindo sofrimento, em consequência de manterem um padrão dissonante da quarta/quinta dimensão. A vibração da quinta é amor com liberdade. Amor sem controle sobre o outro. É um treinamento olhar para o outro, enxergando que ele é a essência, mas que possui distorções por ser humano. Somos deuses humanizados, então, sempre, enquanto estivermos na Terra, carregaremos a luz e o que ainda não é luz. Priorizar o olhar da essência sobre as dissonâncias, não só nos relacionamentos, mas em todas as questões da vida, é colaborar para a estruturação da quinta dimensão. Além disso, o olhar da essência pode determinar o quanto de felicidade podemos alcançar, enquanto o olhar fixado nas distorções, na crítica ou na negatividade pode determinar o quanto de insatisfação ou infelicidade é criado.

O olhar aprisionado na negatividade é alimentado por crenças egoicas de perfeição. Queremos controlar nossos próximos para que eles atendam, constantemente, nossas necessidades e para que caibam em uma perfeição idealizada. O controle é proveniente da criança interna ferida, que quer receber sempre mais com garantias, e do ego, que precisa ver a perfeição ilusória, porque não acredita na perfeição divina.

A cada ato em que tentamos impor nossa vontade, rompemos com o fluxo do cardíaco, obstruindo o fluxo da vida. Além disso, nossas pequenas imposições contribuem para a formação de um campo no inconsciente coletivo, que se manifestará em dominações em um nível maior. Como sempre aconteceu em todos os tempos, um povo ou uma parcela da sociedade passa pela opressão. Os escravos, os judeus, os tibetanos e todos os que foram oprimidos não foram massacrados pela sombra de um único homem ou de alguns, mas pela força presente no inconsciente coletivo que fez manifestar a opressão. Os envolvidos na opressão são tomados pela sombra, presente no inconsciente coletivo, que se alia à sombra individual, produzindo a ação dissonante.

Somos totalmente responsáveis por todas as opressões, pois contribuímos para nossas imposições e incompreensões. Quando impomos algo – e muitas vezes esse processo acontece imperceptivelmente –, criamos resistência no outro. Se trocamos a imposição pela proposição, mudamos o fluxo. Precisamos treinar propor e não impor, tanto para as pessoas como para nós mesmos. Tudo que nos obrigamos a fazer cria resistência, possibilitando o fracasso da ação, além do aumento do desamor por nós mesmos. Mas, se nos convidam a fazer o que precisa ser feito por amor a nós mesmos, então, nossa criança interna sente o acolhimento e colabora para a ação. Quanto mais nos tratamos com amor, mais nossa vida flui e, quanto mais fazemos imposições, mais criamos obstáculos.

A tentativa de imposição a si mesmo ou ao outro é proveniente do ego rígido que perdeu a confiança em si e na vida. Nessa dinâmica, possivelmente o externo não responderá às expectativas egoicas, confirmando a crença inconsciente: "eu não posso contar com as pessoas". Entretanto, colocamo-nos em armadilha, para confirmarmos essa crença e manter o padrão distorcido. A saída para o ciclo "desconfiança – imposição – frustração" é o autoacolhimento. Quanto mais damos amor a nós mesmos, mais aumenta nossa confiança e mais enxergamos os outros como parceiros na vida e não como opositores. A cura para as dissonâncias sociais está no amor-próprio.

Precisamos acolher o abandonado dentro de nós. Reconhecer nossa parte abandonada e intencionar acolhê-la em nossa essência, pois é essa porção, não integrada à nossa totalidade, que provoca os boicotes de desamor por nós mesmos. O simples exercício de intencionar preencher nosso campo energético com a ressonância do amor vai progressivamente alinhando nossas partes desamadas. Respirar, sentindo o campo se preencher com a vibração do amor e sustentar permanecer o mais tempo possível nessa ressonância vai aliviando nossas dores inconscientes.

Somente a vibração do amor, que podemos escolher produzir para nós mesmos, pode aliviar o abandonado interno e, consequentemente, aliviar o sabotador. Assim, a parte distorcida volta ao seu propósito original, de proteção. O sabotador é o pai interno rígido que, por medo da perda, rompe com o fluxo do bom. Muitas vezes, ele mata para não morrer. Abandonar para não ser abandonado é um exemplo de tal dinâmica contrafóbica. Em seu propósito original, o sabotador só quer nos proteger. Na presença soberana do amor, o medo naturalmente se dissolve, permanecendo a proteção da essência, o autocuidado amoroso. O sabotador passa a ser o protetor que cuida, não mais ameaçando com o medo, mas tranquilizando com o amor.

Só o amor pode incluir todas as diferenças dentro e fora de nós. Só o amor pode devolver nossas partes distorcidas pelos medos, pela tristeza ou por qualquer forma de dor à sua divina origem. O propósito original do amor é a união. A desintegração é o esquecimento do caminho do meio. Não existe caminho sem desvios. A própria natureza não realiza suas produções ordenadamente. O fluxo não é ordem. A encarnação na Terra traz logo na concepção as possibilidades de desvios do propósito original. As feridas que vamos produzindo, na maioria das vezes de modo inconsciente, servem ao propósito de um ajuste maior. Faz parte do contrato de vida atrairmos dores por ressonância, a princípio cármicas, para que, quando a consciência for despertada, todas as partes feridas retomem ao seu propósito original.

Uma árvore que foi ferida pode ter desenvolvido raízes bem mais profundas do que uma que encontrou só facilidades de desenvolvimento. Um dos melhores vinhos nasce de videiras expostas às más condições de solo. Alguns não precisam passar por muitos sofrimentos, ou por já terem trabalhado em vidas passadas ou por escolha da alma, mas por, principalmente, cada qual ter seu propósito. Nunca podemos julgar, pois muitas escolhas das condições de vida são da alma. A dor existe para nos conduzir de volta à origem. O veículo para condução é o amor. Toda essência traz a vibração do amor e sem esse atributo divino não existe reunificação.

A mente não pode incluir porque sua origem está na separação. O amor do ego é uma escolha traiçoeira, pois provém de uma parte cindida da totalidade. Enquanto não sustentamos o amor da essência por nós mesmos, sempre estaremos na separatividade. Se nossas partes internas estão cindidas, por projeção, a realidade também será enxergada distorcidamente. Se o amor por si não for totalmente garantido, sempre haverá desconfiança do outro e, consequentemente, a atração de situações que confirmarão a crença inconsciente. O amor e a segurança nunca estão fora. O que atraímos é apenas espelho de nosso campo energético. O caminho é do ser para acontecer e não esperar que aconteça para alterar o ser. O domínio da vida está constantemente à nossa disposição. Viver em sofrimento ou em satisfação é totalmente uma escolha diária. Se o externo nos causou uma dor, precisamos olhar, acolher, entender que parte nossa atraiu, compreender e, então, liberar. Nesse caso, é uma escolha liberar, negar, não passando por nenhum desses processos, ou permanecer rompendo o fluxo da vida no apego à dor. Nós podemos escolher o tempo todo qual ressonância criar.

Quando nos encontramos na sensação de abandono ou rejeição, separamo-nos do outro e da totalidade. A vibração desses sentimentos impede que sejamos vistos pelo outro, possibilitando, assim, a perpetuação de tal estado. Se nesse momento formos proativos, preenchendo conscientemente e intencionalmente nosso campo com a vibração do amor, alteramos nossa frequência, mudando, consequentemente, nosso sentimento. Tal procedimento não é uma panaceia, em que se substituem os sentimentos pelo poder da mente. Após o reconhecimento e o acolhimento dos sentimentos incômodos, podemos intencionar vibrar outra frequência, alterando nosso campo magnético. Não é reprimir ou negar os sentimentos, mas após a compreensão, temos a escolha de permanecer na dor ou alterar a vibração. Podemos realizar essa prática com quaisquer sentimentos que nos tragam sofrimento. Mas é muito importante esclarecer que primeiro é necessário reconhecer para que esse sentimento está reaparecendo, acolher a parte nossa que sofre com isso e, então, escolher a frequência que desejamos vibrar.

Estamos vivendo um momento planetário em que nosso poder pessoal está mais ativado. Temos o poder de criar a luz ou a sombra. É uma questão de escolha a ressonância que iremos vibrar. A escolha ativa nosso poder para produzirmos em nosso campo e, consequentemente, à nossa volta, a ressonância que desejamos. É uma questão de escolha se criamos falta, desamor, carências, raivas ou prosperidade, amor, tranquilidade, harmonia... Podemos até, em alguns momentos, sermos tomados por complexos inconscientes, porém, é uma questão de escolha permanecermos ou não na vibração negativa. A mudança consciente para uma vibração mais essencial altera a realidade. Diante de escolhas, por manter uma ressonância mais amorosa, vamos atraindo cada vez menos circunstâncias dolorosas e aumentamos a atração de situações prazerosas e preenchedoras.

Nossa realidade é reflexo do que vibramos em nosso campo energético. Não é consequência de nossa mente nem de nossa vontade egoica, mas de nossa intencionalidade, que pode ser inconsciente, criando negatividade, ou consciente, criando preenchimento verdadeiro. Intencionar diariamente que nossa essência esteja dirigindo nossa vida já vai criando uma intencionalidade positiva. Antes de iniciar o dia, estar atento à intenção de estar na ressonância do amor e da essência pode fazer a diferença para o individual e para o coletivo. É nossa melhor contribuição para o social intencionarmos o amor e a essência.

Estamos vivendo a oportunidade de o ser assumir o comando. Em alguns momentos, passamos por situações em que não há nada a fazer, mas sempre podemos lembrar-nos de ser. Se colocamos o ser à frente do fazer na direção de nossa vida, então, não estagnamos na impotência. Muitas vezes, encontramo-nos em situações de impotência, para que a força maior dentro de nós ocupe o espaço. Quando a força do ego e da personalidade não pode solucionar uma questão, há a possibilidade de paralisar a vida na impotência, insistir teimosamente no esforço do ego ou ceder à essência. Podemos observar que, muitas vezes, quando deixamos de forçar para resolver algo que está emperrado e entregamo-nos ao fluxo da vida, naturalmente a solução se faz presente.

A terceira dimensão traz a vibração do controle; a quarta/quinta, da entrega. A diminuição da força da terceira dimensão na Terra leva-nos a atrair mais sofrimentos quando tentamos controlar. A vida tem nos mostrado constantemente que o controle é uma ilusão do ego que se enrijece para se proteger. Entretanto, essa pseudoproteção tem sido cada vez mais ineficiente. Não há proteção maior que a entrega à essência.

Diante da impotência, quando as ações são amordaçadas pelo destino, abre-se a lembrança de ser. Em situações amarradas ou aparentemente insuportáveis, a força do ser está presente. Passamos toda vida tentando controlar o incontrolável, desperdiçando momentos luminosos da essência, que automaticamente são escondidos por preocupações e ocupações desconexas. Entretanto, quando acontece de fato o que tememos, nosso ser tem pleno domínio para lidar com qualquer situação. Podemos nos surpreender com a habilidade de nossa essência em passar bem por situações difíceis para o ego ou até mesmo para o físico. Quem se surpreende é a personalidade. Mas o fato é que a essência é absolutamente forte, tranquila e segura. Somente nessa frequência, libertamo-nos da ciranda negativa da vida: medo – sofrimento. A intenção mais legítima é apenas que nossa alma possa experimentar o que precisamos experimentar.

O melhor que podemos fazer por nós e pelo planeta é garantir intencionalmente um amor seguro por nós mesmos. A partir dessa garantia, podemos construir uma confiança inabalável e consequentemente podemos nos entregar ao fluxo da vida. Permitir que a personalidade possa seguir os caminhos de nossa alma traz a paz da essência. Esse sentimento é mais importante que muitas outras coisas que o ego julga prioritário. Muito de nossa energia é investida no que não é verdadeiramente necessário para a alma. A paz pode ser mais importante até que a saúde. Claro que, quando estamos alinhados na essência, facilitamos a manifestação de saúde, prosperidade e muitas qualidades confortáveis, como o amor, o prazer, entre outras. Entretanto, na passagem da terceira para a quarta dimensão, quando estamos saindo da vida alicerçada no ego e na mente para viver a vida na essência, podemos passar por privações, restrições, perdas e dores. Nesse momento, a paz da essência conforta e podemos nos surpreender em estarmos tão bem diante do caos. Diante de dores físicas, perdas financeiras, sofrimentos afetivos, o ser está presente e imaculado. E a respiração consciente e intencional pode ser a chave para o reencontro com a alma.

Para alguns, a passagem para essência, passar a vibrar no padrão da quarta/quinta dimensão, é um processo de desenvolvimento progressivo da consciência, que pode ocorrer sem grandes traumas. Mas, para outros, a saída do ego só pode acontecer com desapegos que podem ser dolorosos. O fato é que, mais cedo ou mais tarde, todos passarão para a nova vibração. Pode ser nesta ou em outra existência, mas a evolução planetária não exclui ninguém. Quanto mais conscientemente fizermos esse processo, menos provocamos sofrimentos para nós mesmos e para outros.

A base para realizar a passagem para a vida na essência é treinar manter o amor por si. Precisamos lembrar diariamente dessa tarefa. Claro que culpas inconscientes e feridas provenientes de reprovações, sobretudo da infância e da adolescência, impedirão a sustentação do autoamor. Para limpar o desamor, que muitas vezes está inconsciente, é preciso realizar um trabalho profundo de transmutação. Entretanto, enquanto este não acontece, só o fato de colocar a intenção de trazer mais amor para si já vai modificando o padrão vibratório e, consequentemente, a realidade externa. A vibração do amor para se sustentar precisa ter o alicerce do autoamor.

Vibrar em um campo de amor e gratidão é estar em alinhamento com o Universo. Quando essas qualidades se tornam constantes no campo energético, a vida flui a nosso favor. O padrão da reclamação, da crítica, da insatisfação e de qualquer forma de desamor cria oposição ao fluxo da vida, reforçando a atração de dificuldades. Fazer oposição ao momento presente, não aceitando qualquer fato que se apresente, é fortalecer a identificação com o ego, ocultando a essência. O ego nunca está no tempo agora. Sempre quer modificar o passado, sentir que falta algo no presente ou controlar o futuro. É tão comum ao humano passar uma existência inteira sem viver. A vida só é vivida no presente. Não é a mente que vive, mas o corpo e a alma integrados. Estar totalmente no momento, sem sermos capturados pela mente que nos leva a qualquer pensamento que não seja o presente, abre uma fenda para o ancoramento da essência. Estar no momento, mesmo que seja por segundos, abre a conexão com os campos luminosos de nossa totalidade. Estarmos presentes nas ações e reservarmos alguns instantes para o silêncio é o propósito da alma de todos nós. O treinamento básico para nos movermos além do ego é estarmos presentes em nossa presença.

O apego ao ego negativo não só leva o indivíduo a atrair mais bloqueios, como também o faz enxergar as dificuldades em sobreposição às facilidades. Ainda que a positividade apareça, o olhar viciado no negativo pode não percebê-la. Se vibrar no padrão da quarta dimensão é tão mais confortável para si e para o mundo, por que há tanta resistência nessa passagem? Como é comum fazer o que não é importante para a alma, mas priorizar as demandas do ego! O que bloqueia a evolução é sempre o medo inconsciente. O medo de perder o amor, o dinheiro e o poder são bem comuns. Ao mesmo tempo, também se encontra nessa dinâmica o medo de expandir o amor, o poder, a prosperidade, o prazer, entre outros atributos. É um aparente paradoxo. Muitas vezes, o ego teme a falta e a criança ferida teme a expansão.

Quase todos possuem, em maior ou menor grau, algum medo da mudança. Mesmo que haja a consciência de que o novo pode ser bem mais satisfatório, o medo quase sempre está presente. Uma das raízes desse medo encontra-se nas matrizes perinatais. Dependendo de como foi o processo do nascimento, o indivíduo carrega o medo da mudança em suas células e em seu campo. O novo, mesmo que seja bom, pode ser muito assustador para muitas pessoas. As raras pessoas que não tiveram trauma durante o nascimento são mais abertas para a mudança. Não é que o medo vivenciado no nascimento nos condena a essa emoção para o resto da vida. À medida que nos arriscamos à transformação e vamos experimentando o novo, podemos ir mudando o registro negativo da mudança pela satisfação de irmos além.

O medo sempre estará presente, até porque somos também reptilianos e disparamos essa emoção para a nossa proteção. Entretanto, quanto mais expandimos a vibração do amor, menos nos engachamos no medo. O amor por nós nos conduz a irmos além do medo, em direção à nossa verdade da vida. É uma escolha se vamos nos conectar com a vibração paralisante do medo ou se damos passagem para a ressonância expansiva do amor. A certeza da essência elimina os medos, sobretudo o medo do futuro. Na conexão com a essência há uma segurança natural que, independentemente dos fatos, simplesmente está presente. Assim, progressivamente, vamos diminuindo nosso maior medo: o de sermos quem somos. Para o ego, é assustador sermos toda a grandeza e potencial que somos.

A passagem para a essência é o caminho de todos nós. Relembrar nossa integridade é nossa tarefa diária. Assim, as dores provenientes do desalinho que nasce do esquecimento de nosso propósito original são naturalmente transmutadas. Cada dia na Terra é a oportunidade da contribuição para o plano maior. A nova dimensão convida-nos a relembrarmos, a todo momento, quem somos e para que somos.

10

A Passagem

A passagem para a quinta dimensão acentua a emergência de questões não resolvidas nos três primeiros triângulos. A vibração sutil acelera a energia densa. Assim, os congelamentos e cristalizações do campo emocional e mental são mobilizados. Isso acontece porque distorções emocionais não são compatíveis com a frequência mais sutil. Então, os conteúdos não resolvidos são ativados por circunstâncias externas para ser curados. Assim, a experiência da passagem para a quarta e quinta dimensões pode trazer muitas situações conflituosas. Há oscilações entre momentos de plenitude espiritual e caos emocional. Dissonâncias e sombras emergidas na frequência da quinta são mais conscientes e há mais fácil acesso aos recursos internos para que a cura profunda aconteça. Conflitos do passado podem vir à tona para ser curados. O caos emocional experienciado na quinta dimensão é muito diferente das outras dimensões. Porque há maior consciência e clareza espiritual para a resolução.

Para lidar com os conteúdos emocionais emergidos na quinta dimensão é necessário ter um ego forte. O ego forte em aliança com a alma pode tirar o ser do emaranhado emocional. Se o ego não é suficientemente forte, o indivíduo permanece no segundo triângulo, mantendo o drama e a vitimização. A autoestima da alma com a valorização do ego podem liberar o apego ao sofrimento. Reprogramar o ego para que ele se sinta recompensado com os novos ganhos além do drama. O ego precisa se sentir recompensado, portanto, é importante transmitir a ele a mensagem do positivo que está acontecendo na mudança da vida. Se o ego fica na perspectiva de que a mudança está trazendo prejuízos e desconfortos, ele não terá força para trazer a energia do segundo para o terceiro triângulo, conservando assim o apego às dissonâncias emocionais. O ego tende a sentir que está perdendo o passado e teme o futuro. Apego e medo são as programações comuns do ego. Ele nunca está no presente. Então, apresentar uma perspectiva de ganho futuro para o ego pode torná-lo um melhor aliado para a alma.

Entendemos que, se o ego é fraco, não é possível a saída do drama emocional do segundo triângulo. Portanto, somente um ego forte pode sustentar a construção de uma vida com alicerces na frequência da quinta dimensão. Enquanto não se estabelece uma boa parceria de confiança entre alma e ego, não se solidificam raízes na nova vibração. Se o ego é forte mas está desconectado da alma, o indivíduo permanece no terceiro triângulo sem sustentar a permanência na vibração mais sutil. E se o ego é fraco, ainda que o indivíduo acesse as vibrações espirituais mais sutis, não sustenta permanecer nesse lugar, pois termina por ser engolfado pelo emaranhado emocional do segundo triângulo. Assim, somente um ego forte em parceria com a alma reprogramado positivamente é que pode conduzir o indivíduo à construção de uma vida mais ressonante com a vibração da quinta dimensão.

Diante da ebulição emocional provocada pela passagem do sutil, a meditação pode ser um bom recurso apoiador. Qualquer forma que possibilite a entrada no espaço de silêncio é fundamental para manter o centro sem a identificação com o caos. O ancoramento na essência na quinta dimensão é muito facilitado, a intenção já faz a imediata conexão. Então, praticar a auto-observação para retornar ao alicerce espiritual é tarefa constante.

Enfim, a entrada inicial na quinta dimensão traz bem-estar e êxtase espiritual e em seguida emerge o inferno inconsciente. Porém não é o mesmo do passado, pois a consciência e os recursos espirituais podem dissolver com muita facilidade cada nó não resolvido. Permanecer no eu observador sem se misturar com os conteúdos emocionais é uma saída para amenizar o sofrimento. Enquanto não se pode estar na plena felicidade, a paz sempre é possível. Com a prática da entrada no espaço de silêncio e com o empenho em transmutar profundamente os núcleos inconscientes, a vibração da quinta dimensão começa a penetrar em todas as áreas da vida, em todas as relações e em todas as camadas do ser. Progressivamente, o ser pode começar a experimentar uma felicidade nunca sentida antes, porque ela vem independentemente de qualquer fator externo e completamente sem medo.

Esse sentimento não encontra ancoramento na quinta dimensão, então seu oposto é que passa a ser dominante na vida: o amor. Amor como nunca experimentado antes, pleno. Em uma completa integração entre alma, coração e ego, o indivíduo pode alcançar a plenitude e nada mais pode retirá-lo deste lugar. Para alcançar o céu é preciso coragem para passar pelo inferno. A espiritualidade superficial nunca atinge o pleno amor divino permanente. Alcançar esse amor, embasando todas as ações a partir desse lugar interno, é a felicidade completa, que consiste no retorno à divina origem.

11

Integração Corpo – Alma – Ego/Independência Emocional/Desapego/ Realização Afetiva

O processo de independência emocional completa-se com a integração da alma com o ego. Quando ambos estão separados, há um esvaziamento e uma busca externa para o preenchimento. O sentimento de abandono proveniente da separação da própria alma é confundido com a necessidade de precisar do outro. O externo pode aliviar, camuflando a separatividade interna, porém a ansiedade da perda do paliativo sempre estará presente. Nenhuma segurança emocional pode ser encontrada fora. A vida depositada no externo oscila perpetuamente entre o medo e a frustração. (O medo da perda e a frustração de nunca estar totalmente preenchido).

A ancoragem na essência é o único lugar que libera todos os medos. E o caminho é o encontro do ego com a alma. A divina nutrição e a segurança interna inabalável encontram-se nessa integração. O ego precisa da alma para sair do vazio e a alma, do ego, para poder realizar-se na Terra. Quando o encontro acontece, o indivíduo está pleno e nada mais no externo é prioritário. Assim, a independência emocional alicerça-se no próprio preenchimento e a realização afetiva é encontrada na parceria da alma com o ego. Tal integração torna o indivíduo completo para o encontro com o outro. O ser inteiro relaciona-se com liberdade e desapego, criando relações saudáveis que manifestam o amor transpessoal.

12

Quinta Dimensão – Verdade

A justiça divina manifesta-se alinhando tudo ao bem maior quando estamos na verdade. O que não é verdadeiro não está mais se ancorando na Terra, consequentemente se dissolve. Na vibração da terceira dimensão, o que não era verdadeiro poderia se sustentar por anos, muitas vezes sem que as partes percebessem o desvio da essência. Porém, na energia da quinta dimensão, permanecer em situações que não são verdadeiras traz imediatas consequências físicas e emocionais. O inconsciente traz à tona perturbações para que o indivíduo seja despertado. Além disso, o universo traz situações para desestruturar as falidas, que ainda insistem em ser preservadas pelo esforço egoico.

Configurações que não são ancoradas na verdade da essência estão requerendo muito investimento de energia do ego para sobreviverem. As consequências dolorosas internas e externas se fazem constantemente presentes para lembrar o indivíduo do boicote à alma.

Quando o despertar acontece e a alma é ouvida, então a justiça divina manifesta-se, ajustando o externo ao interno. Quando ações e intenções são verdadeiras, há um mágico respeito da totalidade que ajusta as configurações na máxima perfeição divina. Para a construção de alicerces verdadeiros, o esforço do ego é mínimo, devido à parceria com a alma. Quanto mais verdade, maior fluidez, facilidades e apropriação de uma satisfação inabalável. Quanto mais afastamento da verdade essencial, mais bloqueios, impedimentos, frustrações e dores.

Parece tão óbvia a melhor escolha. Porém, até que a verdade possa ser assumida internamente, é necessário o árduo processo de desapego às construções ilusoriamente seguras. Assumir a verdade requer a passagem pela dor das perdas antes da chegada ao deleite divino. Não é possível a completa realização sem querer perder nada. É uma questão de escolha sustentar a altos preços, muitas vezes inconscientes, o que não é mais verdadeiro ou lançar-se ao desconhecido assustador para o ego, mas promissor para a alma. A verdade liberta, porém, requer a penosa passagem pela quebra do ego. Após a destruição, a verdade é libertadora. De qualquer forma, ela chegará mais cedo ou mais tarde.

Apesar de ser uma escolha, com a vibração da quinta dimensão, que manifesta a verdade, nada permanece estático. Tudo está cada vez mais se movimentando em direção à verdade da essência. Os trânsitos de Urano, Netuno e Plutão estão cada vez mais implacáveis, rompendo, dissolvendo, destruindo as ordens estabelecidas. A terceira dimensão trazia a facilidade das estruturações; a quarta, da abertura do cardíaco; a quinta traz a vibração da verdade. Na terceira dimensão, o sofrimento fazia-se presente em decorrência da resistência à estruturação. Na quarta, o fechamento do coração traz a dor. E no tempo atual, com a recém-chegada da quinta dimensão, o que não é verdadeiro está trazendo dores. Entramos na dimensão da verdade. Nossa alma escolheu estar encarnada neste tempo para trilharmos o processo de sermos verdadeiros. Diante dessa demanda vibracional planetária, tudo será mexido para ser olhado, questionado, cuidado a partir de novos lugares internos. O que não for rompido será percebido e experimentado a partir de novos formatos.

Todas as nossas células do corpo físico e elétrons dos corpos sutis estão se adaptando à nova vibração. Novas respostas emocionais, crenças e novos paradigmas em todas as áreas surgem nesse processo de adaptabilidade à nova frequência. A sobrevivência emocional depende desse processo de adaptação. Assim como para Charles Darwin as espécies que sobreviveram não são as mais fortes, mas as mais adaptáveis, nesse tempo não é a força do ego que nos mantém inteiros, mas a flexibilidade e entrega para nos adaptarmos ao novo fluxo. Para nos sustentarmos presentes na vida, precisamos deixar morrer e acostumarmo-nos com o processo dinâmico da vida que nos pede constantemente liberações. Se não deixamos morrer, insistindo com a inflexibilidade do ego em segurar o que parece seguro, prendendo o fluxo da vida, então vamos morrendo. Presenças vivas, seres inteiros e completos são os que deixam morrer para viver.

13

O Novo Paradigma

A quinta dimensão é uma vibração de luz mais pura e verdadeira. Lógico que não passamos impunes da robótica da terceira para uma vida leve. A quarta dimensão, que é a passagem, tem como propósito principal a justiça. A quarta dimensão é a vibração do amor. Mas o que é o amor? Poetas, filósofos, psicólogos, muitos já descreveram o amor. Por ser uma ressonância, não tem como definirmos em palavras, além de ser uma experiência subjetiva. Amor vai muito além do apego, do cuidar, do romance. Entre suas várias formas de manifestação ou distorção, está a justiça. O amor é justo. A quarta dimensão é ajuste. Como chegar à dimensão da verdade, sem justiça? Entre a dimensão da estrutura, terceira, e da verdade, quinta, está a justiça. Tudo que for contrário à vibração da justiça será desestruturado para ser revisto. Padrões como dominação, submissão, manipulação, egoísmo, egocentrismo, vitimização, entre outros, terão consequências dolorosas para ser revistos. As vítimas também estão na injustiça quando ocupam esse lugar. Isso porque não estão sendo justas consigo mesmas. Então, não só os algozes, mas também as vítimas estão sofrendo ainda mais.

A força da justiça chegou à quarta dimensão retirando todas as nossas máscaras. Não há mais lugar para o opressor nem para a vítima, no social, no afetivo e em todas as áreas. As identificações egoicas não se sustentam mais. Enquanto vivenciamos as experiências a partir do ego, estamos sofrendo. Quando perguntaram para Gandhi se ele havia perdoado as ofensas de seus inimigos, sua resposta foi que ele nunca havia sido ofendido. Claro que há aqueles que desprezaram tanto o nível humano que negam suas dores com uma máscara de superioridade. Este não foi o caso de Gandhi, pois emanava verdade e amor. Os identificados com a máscara de evolução, indiferença ou superioridade não são leves nem transmitem verdade. A dor está sempre na dimensão egoica, porque no nível da alma está tudo certo e perfeito. Quando estamos na dimensão da alma, não sentimos desconforto, não temos problemas, não somos ofendidos ou rejeitados, nem tampouco nos sentimos sem saída.

Não é uma negação dos fatores externos, mas é verdadeiramente não estar no campo de dor. A participação na frequência da quinta dimensão é um existir em duas dimensões. Vivemos na terceira dimensão, estamos nela, iremos continuar pagando contas, executando tarefas, cuidando do corpo físico, do suprimento material, entre outras atividades do sistema. Porém, uma parte nossa não está na matrix, mas na perfeição divina. Há uma grande diferença entre negar a realidade, deixando-a caótica, em um desprezo à fisicalidade, e o transcender à realidade.

Para ancorarmos uma vida na quinta dimensão, precisamos ou já ter nascido nessa frequência, o que já ocorre com crianças e jovens índigos, ou já termos esgotado a terceira. Os índigos são crianças com habilidades especiais, muita sensibilidade e senso de ética e justiça. O esgotamento da terceira dimensão, que consiste na rendição do humano, move a consciência para a abertura de novos paradigmas. A desidentificação do eu social para uma maior identificação com o eu espiritual é a vida na quinta dimensão. Os fatos não são negados nem superestimados, mas na unificação com o divino, eles são simplesmente assistidos. Em um universo, estamos unificados com a totalidade, vivendo o amor e a graça de Deus, e em outro, estamos participando da existência como observadores. Os dois universos coexistem.

A consciência vivendo na dimensão divina nos conduz a uma ressignificação da forma de lidarmos com as questões desafiantes da vida. O paradigma da terceira dimensão é lutar e vencer. Essa forma de olhar a vida faz com que sempre haja bloqueios para lutar e vencer. Sentir a vida como uma luta faz com que sempre se crie uma batalha. Na terceira dimensão há problemas; na quinta, há desafios. Enxergando as questões não como problemas e dificuldades, mas como desafios, já mudamos a energia para que nosso eu espiritual, em comunhão com o Universo, transforme a situação desafiante. O ego que tenta resolver o problema a partir do problema apenas cria mais problemas. Os desafios sempre existirão, mas podemos ser fluidos diante deles e não ficarmos no combate, na luta, no emaranhado emocional, na vítima, entre outras possibilidades desgastantes.

Se apenas colocamos a intenção de que nossa essência resolva nossas questões, que são desafios e não dificuldades, já nos posicionamos energeticamente em uma vibração que facilita que a sabedoria do Universo, ancorada em nossa própria sabedoria, solucione. Se sustentamos a permanência no fluxo da graça de Deus diante de qualquer obstáculo, então este se dissolve naturalmente, quer seja por uma solução inesperada do Universo ou por inspiração de nossa própria fonte de sabedoria. Vemos que a saída que o Universo traz para nossas questões muitas vezes não foram imaginadas por nossas mentes. O Universo é sábio e criativo, muito além do que nossa mente possa alcançar. E quando encontramos a solução, também não foi pelo esforço de nossos pensamentos, mas pela nossa conexão com nossos campos sutis da consciência em unificação com a fonte de sabedoria do Universo. Utilizar a mente e os pensamentos para as soluções e respostas pode ser uma falácia. No novo paradigma, não há esforço, luta ou sofrimento para a resolução das questões. A quinta dimensão ressoa com a filosofia taoísta, que traz o conceito da ação pela não ação. Fazer o que tem de ser feito e soltar. Não forçar a ação, mas deixar o Universo agir. Deixar o rio em seu curso. O Tao é estar na graça de Deus, fluindo com a vida. Na unificação com o fluxo cósmico, somos guiados para os caminhos mais apropriados para nossa alma. Lao Tsé, filósofo chinês, escreveu *O Tao Te Ching* (O livro do caminho perfeito), um dos livros mais traduzidos do mundo. No século VI antes de Cristo, esse sábio já trazia a consciência da quinta dimensão. Isso porque a verdade, o amor e o fluxo são atemporais, porque são anseios de todas as fagulhas divinas particularizadas em forma humana.

Na quinta dimensão, seguimos a intuição e não os pensamentos. E mesmo que toda lógica racional puxe para um caminho contrário à intuição, ficamos em paz quando escolhemos pela alma e não pela mente. Na unificação com Deus, não conseguimos seguir o que não é Deus. Mesmo que pareçamos "loucos" aos olhos do social, a escolha da alma sempre é o melhor caminho. Melhor no sentido de mais apropriado para a evolução e felicidade das partes e do todo.

A carta do Louco no tarô é o início e o fim, é o zero. O louco é o tudo e o todo. A loucura como uma referência à quinta dimensão é a quebra de paradigmas, couraças, dogmas, conceitos, é caminhar além dos dramas e das estruturas em direção à verdade da vida. Viver o Tao, viver o fluxo, viver os propósitos da essência é viver o louco, pois não há regras externas a ser seguidas, mas o pulso do Universo na expressão da alma é o caminho. Não há regras para os seres, pois cada qual é único na expressão do propósito da essência.

14

Ser, Antecedendo Receber: Essência Sem Buscas

As buscas dos seres humanos quase sempre são enviesadas, por isso são difíceis de ser plenamente supridas. A essência não busca, ela simplesmente atrai a ressonância. Tudo que você quiser encontrar fora seja dentro e abra mão dos esforços egoicos. É muito comum depositar no outro o que queremos encontrar, sem manifestarmos em nós mesmos. Encontramos gentileza, se somos gentis. Encontramos respeito, se respeitamos a nós mesmos ou os outros. Encontramos prosperidade, se somos abundantes, provendo livremente a nós mesmos, aos outros e à vida. Encontramos verdade, se somos verdadeiros. Encontramos acolhimento, se somos acolhedores. Não há a possibilidade de sermos amorosos e não encontrarmos amor. Se o amor não está presente é porque o estamos retirando de algum lugar, e muitas vezes é a retirada de si mesmo. Enfim, o Universo é absolutamente justo.

Recebemos o que plantamos e o que vibramos. E ainda a generosidade do Universo permite que possamos dissolver as dissonâncias que plantamos por meio do que vibramos no presente momento. Se semeamos desamor no passado, não significa que estamos condenados ao desamor. A tomada de consciência no momento presente e a sustentação de um padrão vibratório que seja o oposto do que criamos no passado aliviam nosso débito cármico. A parábola bíblica do filho pródigo traz esse ensinamento. Não existem pessoas, por natureza, ruins, mas sim pessoas inconscientes. A consciência da essência pode limpar as faltas passadas. Entretanto, ainda assim o ser pode escolher passar pela dor que causou ao outro, para fortalecer mais sua consciência.

É sempre o ser, a alma, que escolhe receber de volta o que fez para o outro, com a finalidade da tomada de consciência. Entretanto, o que quase sempre acontece não é a conscientização, mas a entrada na vitimização: "Por que comigo?". Não existe uma dinâmica divina que possa nos punir. Simplesmente atraímos o que estamos em ressonância ou o que escolhemos purgar para ampliação da própria consciência. A purgação tem o propósito de ampliar a consciência. Sendo assim, quanto mais conscientemente entramos em um processo de autoconhecimento para a transformação de padrões dissonantes, menos necessitamos purgar. O ser tem sempre a escolha de permanecer no sofrimento ou elevar seu padrão vibratório para além deste. Toda realidade pode ser transformada com a profunda compreensão de que somos a essência divina. Escolher conscientemente em qual vibração queremos ficar muda a realidade.

O recebimento não é algo aleatório concedido por Deus, mas um simples processo de causa e efeito. A vibração do presente e do passado provoca uma reação na totalidade, que responde em semelhança energética. O que somos e a vida que temos é resultado da somatória do que vibramos no presente e no passado, embora a força do presente seja maior que a do passado. A generosidade do Universo é que a cada momento temos a oportunidade de reverter todos os males de nossas vidas. A fixação da mente no negativo é que impede a mudança. Porém, energeticamente temos a constante disponibilidade para criarmos nossa felicidade.

Se quiser encontrar prosperidade, então não a procure, apenas seja a prosperidade. Enquanto você busca a prosperidade, é seu ego preocupado que a procura. Tudo que é buscado a partir do ego, mesmo que seja atingido, além de poder ser desmoronado a qualquer instante, vem com sofrimento. Buscar a prosperidade é passar toda uma vida em preocupação. Se você estiver enraizado na Terra e ancorado em sua alma, a provisão material é um processo natural.

Se quiser encontrar um amor, então não o procure, apenas seja o amor. O estado do ser manifesta uma intencionalidade facilmente traduzida para o Universo. Enquanto você busca o amor, é sua criança carente ou seu ego que o procura, sem se satisfazer com o que essas partes distorcidas têm atraído. Se você exalar a luz de seu cardíaco, amando os seres e amando incondicionalmente a si mesmo, então a realização amorosa é uma consequência natural.

Se quiser encontrar o formato ideal para o seu corpo é porque está faltando se amar um pouco mais. O sofrimento envolvido em atingir o corpo ideal vale a autopunição? O que é mais importante de verdade, a liberdade do corpo livre ou o ideal social? O massacre à criança interna não compensa a satisfação egoica, que certamente será passageira. Faça as pazes com seu corpo e converse com ele para que ele tenha o melhor formato para sua essência. Priorizar o social acima do ser é ferir a alma.

Se quiser ser apreciado, exale a essência. A tentativa de ser apreciado é sempre proveniente de algum lugar que não é a essência. Enquanto o que é naturalmente passível de apreciação são as manifestações da essência. Buscar aplausos de outras partes não essenciais, além de não suprir o ser, requer que sejam sempre necessárias novas alimentações para que essa parte frustrada sinta um efêmero alívio.

Se quiser ser querido, seja você. A tentativa de agradar para receber afeto, quase sempre inconsciente, é uma distorção da criança ferida que todos possuem em maior ou menor grau. Energia atrai energia similar, então, a intenção que parte de um aspecto frustrado tende a atrair frustração. Quem tenta muito agradar e ser aceito, muitas vezes não encontra acolhimento no ambiente, porque o aspecto de rejeição está no domínio inconsciente. Enquanto que, se o campo pessoal está no domínio da essência, o autoamor atrai amor.

Se quiser encontrar a essência, então todo suprimento será alcançado. "Buscai primeiro o reino de Deus e toda sua a justiça, que tudo mais vos será acrescentado." Quando simplesmente vibramos o ser que somos, toda realidade externa se alinha com nossa vibração essencial. Para a plena provisão é necessário muito menos energia investida do que os esforços para o preenchimento material, afetivo e egoico das questões citadas acima. Fomos educados para um querer desenfreado e para buscas fora de nós, quase sempre fadadas ao fracasso. Cada tentativa fracassada do ego é um convite para a reconexão com a alma. Todo insucesso que houve em sua vida é porque você estava priorizando a busca fora de você. Acolha-se e mude a perspectiva.

Na conexão com a essência cessa-se a busca fora. Amenizam-se os desejos e os quereres e expandem-se anseios da alma e foco. Tudo é determinado pelo lugar que habitamos dentro de nós. Todas as manifestações externas foram criadas por algum aspecto de nós. A colheita é produto do plantio consciente ou inconsciente. Atingir o máximo da consciência não é garantia alguma contra a dor, pois nossa alma aceita as melhores experiências para o crescimento, ainda que este melhor para a alma seja bem desconfortável para outros aspectos. Não temos o domínio para evitar experiências dolorosas, porém o ser consciente compreende o processo, enquanto que o que se encontra em nível mais inconsciente revolta-se ou vitimiza-se, aumentando, assim, a dor. Além disso, a permanência na dor é uma escolha. A dor é inevitável, o sofrimento é escolha.

O lugar interno de onde enxergamos as circunstâncias determina nossos sentimentos. Todo fato contém diferentes verdades, depende do lugar do holograma que enxergamos. Podemos enxergar a Terra como um lugar de injustiças, sofrimento, dor... Ou como uma grande mãe que nos acolhe para nossa evolução e cumprimento de nossos propósitos. Qual é a verdade? Depende do ponto em que estamos inseridos no holograma. Nossa vibração determina nossa visão e, ao mesmo tempo, o que enxergamos é o que determina nossa ressonância. O que vemos é o que criamos. Tudo que existe, assim como todos os fatos, possuem luz e sombra. É uma escolha para onde vamos olhar. E para onde fixamos o olhar é o que iremos atrair. Se vejo que o mundo é bom, então a energia responde trazendo o bom.

O pensamento traz um sentimento que cria uma vibração, que manifesta uma realidade. Nossas crenças positivas ou negativas determinam nossa vida. Onde nosso pensamento está, está nossa energia. Um caminho para transformar o pensamento é o não pensamento. O vazio da ausência do pensar que nos conecta ao sutil é uma ponte segura para o estado de graça. O não pensar possibilita a experiência da presença. E esse lugar é nossa fonte de graça, bem-estar, prazer, sabedoria, enfim, o deleite divino constantemente disponível é o vazio dos pensamentos. Na lacuna entre os pensamentos está o ser essencial, que cura as distorções da mente. A mente vazia e o coração amoroso são a verdadeira proteção.

15

Os Arquétipos e o Alinhamento de Suas Qualidades

O propósito original da Kabalah e da transpessoal é a vivência diária no fluxo da essência. Viver com prazer, abundância, alegria, leveza, entre outras qualidades de Atsmut (totalidade), é nosso destino natural. Este foi desviado por dissonâncias, que foram necessárias para nosso desenvolvimento. Entre essas distorções, há arquétipos energéticos que se repetem de existência em existência, reprisando limitações e dores. Os arquétipos básicos são: o sabotador (que traz um desamor inconsciente por si mesmo), a vítima (que entrega seu poder ao outro), o miserável (que se conecta com a falta) e o inflexível (que rompe com o fluxo pela busca enviesada da perfeição). Todos nós nos identificamos, em maior ou menor grau, com um desses arquétipos ou com uma composição deles.

O maior ônus decorrente da identificação com tais aspectos, além do próprio sofrimento, é o obscurecimento de qualidades da essência, que se distorceram nessa manifestação. Todo padrão negativo é também uma perda provisória de parte da essência. O sabotador esconde o amor por si e pelo outro, o miserável oculta a gratidão, o inflexível, a sabedoria, e a vítima, o poder.

O sabotador é o arquétipo mais comum. Quase todas as pessoas têm ou já tiveram alguma identificação com esse aspecto. Ele pode aparecer de forma clara em algumas situações, mas muitas vezes essa parte se manifesta de forma sutil e imperceptível, retirando sem percebermos nossas possibilidades de plenitude e felicidade. O sabotador está presente em escolhas dissonantes com a essência. São as escolhas que fazemos, das mais simples do cotidiano até as mais significativas, que definem nossa vida.

O poder de escolha é mais forte que o "destino". Há projetos e situações traçadas por nossa alma que nos dispusemos a vivenciar, quer sejam ajustes cármicos ou propósitos da alma. Porém, com o poder de escolha podemos dissolver passagens cármicas dolorosas. Grande parte das pessoas, entretanto, não só cumpre o carma, como o perpetua. Do mesmo modo, há aqueles que escolhem seguir os anseios da alma e cumprir os propósitos de vida, enquanto outros escolhem permanecer amarrados em demandas infantis, egoicas, familiares ou sociais sem realizarem o que é realmente importante para o ser.

Se utilizamos nosso tempo de vida para cumprir tarefas e mandatos ou se nos disponibilizamos fazer de nossa vida existencial um caminho de essência, é apenas uma questão de escolha. Pensamentos tais como: "Ainda não estou pronto", "Ainda não é o momento de começar isso ou aquilo", "Será que esse ou aquele vai ficar chateado ou bravo comigo", entre outros, podem ser perfeitas armadilhas para o sabotador, que se alimenta da energia da paralisação na falta.

O sabotador interno é muito capcioso. Muitas vezes pensamos que nosso ser está escolhendo, quando na verdade é alguma parte distorcida do ego, da criança ferida ou da sombra. A conexão constante com a sede da alma é a única forma de garantir escolhas mais legítimas. Para manter nossa integridade essencial, entretanto, só é possível com amor incondicional a nós mesmos. Na verdade, a conexão com a alma amplia nosso amor incondicional por nós e pelo outro, e, ao mesmo tempo, esse amor nos conduz ao caminho da alma. É um movimento duplo. Essência e amor são os dois guias que facilitam nos tornarmos conscientes do momento em que o sabotador tenta aparecer. Quando temos a percepção do surgimento do sabotador e estamos ancorados em nossa essência, certamente escolhemos não seguir as falsas orientações do sabotador, mas a direção de nossa alma.

Para a maioria das pessoas, a função original do sabotador era a proteção, pois muitas vezes ele age como um sinal de alerta distorcido. Uma parte nossa de amor por nós mesmos foi criada por nosso inconsciente para nos proteger em algum momento muito antigo de nossa existência, quando éramos frágeis, possivelmente na fase de bebê ou criança. A questão é que essa camada, além de se distorcer, não é mais necessária, pois o eu adulto possui recursos internos mais saudáveis para a sua proteção. Quando temos uma parte que constantemente está nos alertando, possivelmente é um aspecto de nós mesmos desatualizado do tempo, atuando como se precisasse proteger uma criança frágil. Há o sinal de alerta saudável que vem da orientação de nossa essência, que difere do sinal do sabotador, que vem do medo e nos bloqueia para o prazer e a realização na vida.

As pessoas identificadas com o arquétipo do sabotador distorcem a leitura da vida, enxergando risco e perigo onde não existe. Outras distorções comuns desse arquétipo é enxergar intenção hostil vinda das pessoas, tendência a valorizar o negativo dos outros e das situações, ou desqualificar o próprio eu ou o externo. É por amor distorcido que essa parte nos coloca em armadilha. É a qualidade do amor que está enviesada nesse arquétipo, portanto a cura para essa dissonância está no direcionamento do amor para si mesmo. Quando o amor por si está estabelecido, o amor pelo outro e pela vida, que reflete em perceber as pessoas e o mundo mais positivamente, está garantido.

A visão distorcida de si mesmo e do mundo externo encontra-se em todos os arquétipos. O arquétipo do miserável tem muitas similaridades com o do sabotador. Ambos retiram o amor por si. Aquele que se identifica com o arquétipo do miserável geralmente possui fixações na fase oral de seu desenvolvimento. Esse período, que ocorre desde o nascimento até aproximadamente um ano de vida, segundo Freud, está associado à alimentação e ao processo de satisfação ou insatisfação com o recebido. Se o seio materno ou seu substituto for gratificante, há uma introjeção do "objeto bom" e, consequentemente, é formada uma base de confiança para a vida. Se o recebido é insatisfatório, então, é criado o registro de desconfiança. Não é só a quantidade de alimento nas horas adequadas que determina se o registro será positivo ou negativo. A vibração do campo do alimentador é a base que forma esse registro. Se o campo é seguro, confortável, amoroso ou harmonioso, a nutrição tende a ser satisfatória. Se o campo é ansioso, tenso, preocupado ou irritado, ela é insatisfatória. Lembrando sempre que não são nossos cuidadores que criam nossos traumas. Eles são apenas instrumentos que nossa alma atraiu por ressonância, para que aspectos não resolvidos de outras existências fossem repetidos nesta.

Quando há um registro de insatisfação em alguma fase de desenvolvimento, ocorre uma fixação, ou seja, parte da energia do indivíduo permanece presa nesse período, como uma tentativa inconsciente de recuperação. Uma fixação na fase oral leva o indivíduo a buscar constantemente o suprimento não encontrado na infância. A questão é que se o registro é de insatisfação, inconscientemente ele se colocará em situação em que não será suprido. Realizará buscas que não o satisfarão. Mesmo que receba, ele pode não se satisfazer com o que recebe. Aquele que vive o arquétipo do miserável, mesmo que sua vida seja abundante, sente que sempre falta algo. Pode buscar sempre mais dinheiro, mais emoções afetivas, mais prazer, mais poder, assim como pode manifestar vícios e compulsões, sem encontrar preenchimento. A cura para o miserável é o treinamento da gratidão. Estar na graça é desconectar-se da falta. A graça é simples e está sempre presente, precisamos retirar a lente da falta para sintonizá-la. O amor por si pode transformar o padrão da falta em gratidão.

O arquétipo da vítima entrega seu poder ao outro. Nessa dinâmica, o indivíduo forma codependência e não assume a própria responsabilidade por sua vida. Enxerga o outro ou as circunstâncias como causadoras de seu bem ou de seu mal. A vítima está sempre em altos e baixos, pois está sem sua base de sustentação. Quando a referência é o externo, a insegurança está constantemente presente. A vítima teve seu poder retirado em algum momento de sua vida. Pode ter passado por situações de humilhação, ter sido submetido a abusos físicos ou emocionais ou ter passado por sofrimentos em decorrência de privações. Essas situações podem fazer com que o indivíduo tenha dificuldade de contar consigo mesmo e apropriar-se de seu poder. Como todos os arquétipos, a cura está no autoamor. A partir da apropriação do respeito e do amor por si, o indivíduo pode recuperar seu poder e passar a determinar seu destino.

O arquétipo do inflexível não acredita na perfeição divina, mas está fixado no desempenho do ego. A dificuldade está em entregar-se ao fluxo da vida. Há uma fixação no terceiro triângulo (*chacra*), refletindo um apego aos mandatos familiares, sociais ou culturais. O controle da vida por meio da mente traz uma pseudossegurança. Há uma fraca base de sustentação e, por compensação, o indivíduo apega-se na ordem e na busca do bom desempenho para aplacar a ansiedade. Quando o inflexível começa a perder a rigidez, a ansiedade escondida pode emergir. De qualquer forma, esse processo deve ser feito mais cedo ou mais tarde. O desconforto envolvido na mudança de padrão é passageiro. Quando o inflexível começa a acreditar e soltar-se na vida, sai do mecanicismo dos atos e passa a viver a graça e o prazer do cotidiano. Passa a conectar-se com aspectos mais sutis da consciência, manifestando qualidades latentes, inclusive a sabedoria.

O amor por si é também a base de cura para o inflexível, pois a autoconfiança precisa ser resgatada para que a entrega seja feita. A mudança da autoimagem também é fundamental. A busca da perfeição egoica sempre reflete uma imagem de si mesmo distorcida para o negativo. O indivíduo busca ser aprovado para compensar a autodesaprovação. Quando a aprovação por si está garantida porque o autoamor está presente, não há necessidade do compromisso com o desempenho.

Enfim, esses arquétipos negativos são padrões de defesa que desenvolvemos na vida para nossa sobrevivência emocional. Mas não precisamos ser mais identificados com eles. Quase todas as pessoas se identificam com um ou mais de um arquétipo e, muitas vezes, com todos eles. Os arquétipos escondem as qualidades básicas da essência: amor, poder, sabedoria e gratidão. Independentemente das qualidades que o ser veio manifestar na Terra, essas quatro fazem parte do propósito de expressão de todos os seres. O poder é responsável pela sustentação e a sabedoria pode se manifestar quando o amor e a gratidão estão presentes.

O estado de gratidão é a qualidade que preenche nosso campo com leveza, assim como o amor. O exercício diário de prática da gratidão já modifica totalmente o campo, transformando consequentemente as áreas da vida. Substituir o vício da reclamação falada ou pensada pela gratidão é base para a satisfação emocional, assim como o simples exercício de intencionar preencher nosso campo com a qualidade do amor. Intencionar expandir o campo com o amor em qualquer circunstância, até que essa qualidade transborde para o ambiente, é o melhor que podemos fazer por nós e pelas pessoas. Podemos modificar qualquer ambiente com essa intencionalidade.

O treinamento da gratidão faz com que essa habilidade seja ativada no momento de caos. É claro que, se estamos envolvidos em uma situação de raiva, dificilmente lembramos de vibrar amor, mas é justamente nessas situações que precisamos praticar nossas habilidades para modificar nosso campo e consequentemente mudarmos a situação. É também uma questão de escolha permanecer no padrão negativo ou ir além do ego na conexão com a compaixão. A maioria das situações agressivas não é uma questão de manifestação sábia do poder para colocar limites em uma situação, mas é apenas um desgaste energético por teimosia egoica.

A compaixão é o estado natural do ser na essência. Faz parte de nosso propósito coletivo nos reconciliarmos com todos e com tudo que existe, eliminando as aversões. Tudo que rejeitamos cria uma pequena dor, quase sempre imperceptível em nosso coração, porque nossa origem essencial é amor incondicional. Claro que há pessoas, plantas, animais, lugares, cidades, atividades e coisas com que ressoamos mais que outras. Porém, precisamos intencionar curar todas as aversões, pois estas nos separam de nosso destino original, a unicidade. Uma forma de começarmos pode ser, em vez de falar "detesto tal pessoa" ou "não gosto daquela coisa", começar a treinar dizer "não tenho ressonância com ela ou com aquilo". A troca dessas palavras modifica a energia.

O estado de harmonia com tudo e com todos gera naturalmente um sentimento de confiança natural na vida. Se não estamos contra a vida, a sensação é de que ela está a nosso favor. Enquanto não perdoarmos a todos e não nos reconciliarmos com tudo, nunca estabeleceremos uma confiança na vida. Se olhamos para tudo com olhos de compreensão, temos a vida como aliada. Mas se olharmos com crítica, desprezo, raivas e ressentimentos para os frutos da vida, estamos nos separando dela e rompendo com o fluxo da unicidade; assim, rompemos também com o sentimento de sermos apoiados. Temos mais vontade de dar algo a quem é grato do que para quem é mal-agradecido. Assim também é o Universo. Enquanto a separatividade traz uma insegurança crônica, o sentimento de gratidão nos traz um apoio natural da vida.

16

Alinhamento Com as Constelações

Para manter nosso campo energético alinhado e expandir a fluidez em nossa vida, é importante acompanharmos conscientemente a manifestação de cada constelação. Todo período em que o Sol se encontra em cada signo traz a possibilidade de ativação de potenciais da essência e transformação da sombra. Podemos nos conectar com o primeiro dia de cada constelação com a intenção de captar as suas vibrações e dirigi-las de forma consciente para a manifestação de nossa essência e liberação de nossa sombra. Esse processo pode e deve ser realizado durante todo o período em que o Sol se encontrar em cada constelação.

Seguem abaixo as datas de permanência do Sol em cada signo. Essas são as datas prováveis, mas pode haver uma diferença para um dia a mais ou a menos. Para ter certeza da entrada do Sol em cada constelação, é preciso consultar a efeméride, que é uma tabela que registra o movimento exato dos planetas em cada signo.

Aries: 21/3 a 20/4; Touro: 21/4 a 21/5; Gêmeos: 22/5 a 21/6; Câncer: 22/6 a 22/7; Leão: 23/7 a 23/8; Virgem: 24/8 a 22/9; Libra: 23/9 a 23/10; Escorpião: 24/10 a 22/11; Sagitário: 23/11 a 21/12; Capricórnio: 22/12 a 20/1; Aquário: 21/1 a 18/2; Peixes: 19/2 a 20/3.

A conexão com a constelação vigente fica mais potencializada quando acompanhada pelas luas. No primeiro dia e no decorrer da manifestação de cada fase da Lua, podemos fazer uma conexão específica.

Lua nova: intencionar a ativação do potencial da constelação;

Lua crescente: intencionar a expansão do potencial;

Lua cheia: intencionar a sustentação da qualidade essencial da constelação e atenção para não conectar com o aspecto sombra, que é mais facilitado nessa fase da Lua.

Lua minguante: intencionar a liberação do aspecto sombra da constelação.

Seguem abaixo as possibilidades de conexão com cada constelação.

Áries

A constelação de Áries (21/3–20/4) traz a possibilidade de iniciar projetos, praticar intenções. Traz para a vida prática o que está na mente. Esse período é propício para movimentar a energia estagnada em qualquer área da vida ou no corpo. Alguma ação efetiva deve ser feita. Algo novo deve ser iniciado para que a vida se movimente. Mexer o corpo, dançar, cantar, ver amigos, divertir-se, começar um curso, recriar o trabalho e os relacionamentos, enfim: respirar e movimentar! Em Áries, a procrastinação, preguiça ou postergações podem fazer com que a energia de ação dessa constelação manifeste-se em sua polaridade negativa. Respire e intencione se conectar com a polaridade positiva de Áries. Alinhe-se na Lua cheia de Áries, sobretudo no primeiro dia, Pessach, para captar as potencialidades e não ressoar com as distorções dessa constelação. O ritual do Pessach é importante para canalizar a potencialidade positiva de Áries para todo o ano. Antes de ser uma festividade religiosa, esse ritual já era praticado pelas civilizações mais antigas.

Potencialidades	Distorções
Coragem, bravura	Medo, reatividade, defesas
Energia	Desavenças, brigas
Avanço	Robótica
Sinceridade	Máscaras
Oportunidade	Invasão

Inocência, pureza	Maldade
Expressão	Vaidade
Vitalidade, vontade	Violência, acidentes
Prosperidade	Miséria

Touro

A constelação de Touro (21/4–21/5) traz a possibilidade de conexão com a energia da Terra e expansão da consciência abundante. Quando conscientemente refazemos a ligação com a Terra e aceitamos a vida como ela é, resgatamos a confiança no Universo. Podemos transformar a crença de que o mundo é um lugar perigoso pela de que viver é seguro. Ao resgatarmos a confiança na vida, passamos a acreditar na prosperidade como um mérito e um direito divino. A prosperidade é um campo que está disponível. As crenças inconscientes de desvalor é que impedem o acesso a essa fonte.

Esse desvalor, além de restringir o fluxo da abundância em todos os aspectos, também pode conduzir o indivíduo a emaranhados relacionais que drenam sua energia. É a confiança e o sentimento de preenchimento que substituem a posição de ser refém de algo ou alguém. A confiança traz a liberdade. A constelação de Touro convida-nos a olharmos em que situações ou com quais pessoas estamos sendo reféns, ou seja, não estamos sendo quem somos ou estamos dando mais que recebendo. O resgate da confiança em si e na vida possibilita que liberemos o depositário a que entregamos nossa energia, com perdão e respeito.

Gêmeos

A constelação de Gêmeos (22/5–21/6) é um período propício para a integração de nossas diferentes partes. Tudo que não aceitamos em nós não desaparece, mas permanece aprisionado em nosso inconsciente. Essa energia, de tempos em tempos, manifesta-se, seja em forma de oscilação de humor, explosões agressivas, tristeza ou medos sem causa aparente, doenças físicas ou emocionais, entre outras manifestações. Essa energia bloqueada, além de contaminar nosso campo, também contribui para o depósito de sombras do inconsciente coletivo. As diversas sombras negadas, tais como: medos, raivas, tristezas, frustrações, etc., presentes em nosso inconsciente, juntam-se ao inconsciente coletivo, provocando descargas na Terra, como: acidentes, guerras, conflitos, desentendimentos, doenças e diversas formas de catástrofes.

O melhor que podemos fazer pelo planeta é nossa própria transformação. Quanto mais limpamos nosso próprio lixo, menos contaminamos a Terra. O primeiro passo para a transformação é a autopercepção diária e constante. Isso que Jesus quis dizer com "Orai e vigiai sem cessar" – percepção para estar constantemente em seu canal de luz. Porém, para estarmos na luz, precisamos reconhecer nossas sombras e acolhê-las amorosamente para que elas possam ser transmutadas. Para aceitar nossos males, precisamos nos amar incondicionalmente. Se não nos amamos, sempre teremos uma expectativa idealizada jamais atingida de nós mesmos. Esse perfeccionismo doentio nega ou supervaloriza nossa negatividade. Então, a constelação de Gêmeos convida-nos a sair da dualidade, amando-nos incondicionalmente, abrindo um espaço de continência em nosso coração para o que ainda não é luz dentro e fora de nós. A constelação de Gêmeos em sua essência traz honestidade, integridade e o amor no nível mais elevado.

Câncer

A constelação de Câncer (22/6–22/7) é um período propício para a conexão com a nutridora interna. Essa constelação traz o arquétipo da mãe e com isso a facilitação para que possamos nos tornar conscientes de que a nutrição está em nós mesmos. Independentemente de como foi nossa mãe ou nosso pai, o que importa é que nosso eu adulto pode construir um pai apoiador e uma mãe amorosa dentro de nós. O acolhimento e o amor, livre de condições, são o melhor que podemos fazer por nós. A base de nosso desenvolvimento espiritual é a estruturação emocional. E a cura para nossas distorções emocionais começa com o autoamor.

Na constelação de Câncer, se não voltamos a energia amorosa para o autoacolhimento, corremos o risco de ativar a polaridade negativa dessa constelação: carências, dramas, apegos e manipulações. Conscientemente podemos nos conectar com a positividade de Câncer: amor por si e pelos outros, autocuidado, liberdade para expressão dos sentimentos ternos, gratidão aos familiares e ancestrais e toda expressão afetiva. Essa constelação convida-nos a ampliar a intimidade nos relacionamentos, a partir da garantia do amor-próprio.

Leão

A constelação de Leão (23/7–23/8) é um período propício para a conexão com o provedor interno. O fortalecimento de um pai internamente construído que seja constantemente apoiador é a intencionalidade positiva de Leão. A polaridade negativa dessa constelação é a separação do outro por meio de padrões distorcidos, tais como: a superioridade, o narcisismo, o egocentrismo e a autorreferência. Quando a proteção interna é embasada no amor por si e não no medo, então ela não nos separa do outro. Ao contrário, se nos apoiamos, construímos uma estima legítima, que nos permite abrir o coração sem nos sentirmos ameaçados.

O leão em essência é o rei que tem o poder para suprir seus súditos. O leão tirano é sozinho, não pode ser rei. O leão essência é magnânimo, naturalmente bom para si e para o outro. Essa constelação convida-nos a um autoapoio amoroso para abrirmos o coração.

Virgem

A constelação de Virgem (24/8–22/9) é um período propício para a cura física, abertura profissional e conexão com o propósito de vida. Antes de nossa concepção física, fizemos um contrato de vida para cumprirmos nessa existência. Nossa tarefa de serviço não diz respeito somente às realizações profissionais, mas temos propósitos a ser realizados em todas as áreas de nossa vida e em todos os relacionamentos próximos. A constelação de Virgem facilita o despertar da consciência para os nossos verdadeiros anseios da alma.

É uma oportunidade para olharmos para a nossa vida, a fim de deixarmos o que é mecânico e desprovido de significado essencial, para abrirmos caminho ao que verdadeiramente importa para o nosso ser. Virgem, na essência, é integridade, conexão humilde com o céu e com a Terra, confiança, realização de propósitos legítimos, a prática do sacro ofício, liberando o sacrifício. Na polaridade negativa, é a persistência em atos mecânicos e enfadonhos, pensamentos obsessivos ou repetitivos, preocupações e ansiedade com o futuro. Nesse período, é importante avaliar qual polaridade estamos manifestando e fazer do trabalho um ofício sagrado e essencial.

Libra

A constelação de Libra (23/9–23/10) é um período propício para a abertura do fluxo do amor, do equilíbrio, da harmonia e da beleza. O simples exercício de intencionar trazer o coração da essência ou do eu superior ou de(a) Deus(a) para o próprio coração facilita essa abertura. A sustentação do estado de amor, sem ser necessariamente direcionado, recupera naturalmente o estado harmônico e equilibrado, manifestando a beleza do ser. O amor conduz à vibração da essência e o alinhamento com o ser essencial manifesta naturalmente o amor.

Cada alma expressa uma vibração diferente, correspondente a uma qualidade do divino. Porém, a manifestação comum a todas as almas que compõem o corpo de Deus é o amor incondicional. A auto-observação diária para manter a frequência vibratória do amor incondicional é o propósito comum a toda humanidade. A contribuição de cada célula individual, sustentando esse padrão, garante a passagem do planeta para a quinta dimensão. É nosso compromisso, por estarmos encarnados neste período, contribuir para a passagem à essência.

Escorpião

A constelação de Escorpião (24/10–22/11) é um período propício para a regeneração. É um convite à interiorização, à desconexão do fazer excessivo. Ações, sem conexão com a alma, além de exaurirem as energias, ocupam o espaço dos propósitos da alma. Na terceira dimensão, tempo é dinheiro; na quarta, tempo é propósito de vida. É preciso deixar ir os paradigmas limitantes para realizar nossa verdade essencial. Para utilizarmos nossa energia saudavelmente e criativamente é importante que todas as nossas partes sigam para onde nossa alma precisa ir. E a única forma de saber o caminho é no silenciar da mente. Intencionar expandir o espaço cardíaco até que ele se torne tão amplo quanto o espaço mental é um treinamento para que nossa personalidade possa acompanhar nossa essência.

Enfim, a constelação de Escorpião é um tempo para entrarmos em nosso mundo profundo. Quando não fazemos esse movimento conscientemente, podemos atrair situações que nos levem para dentro. O lado luz de Escorpião é a interiorização, a regeneração, a cura, a profundidade, o prazer corporal. O lado sombra é o enclausuramento, a depressão, são as compulsões, os medos inconscientes, entre outras formas de desequilíbrios psíquicos. Fazendo a escolha de interiorizar, diminuímos a vazão do lado sombra. Respirar em conexão com a alma um minuto por dia já faz a diferença na frequência do campo. É uma escolha consciente se tomamos o caminho da dor ou do ser.

Sagitário

A constelação de Sagitário (23/11-21/12) traz a qualidade da expansão, alegria e prazer. Não por acaso, antecede as festas de fim de ano. Saindo de Escorpião, que foi a constelação da transformação, portanto mais convidativa à interiorização, entramos agora em uma vibração mais voltada para fora. Honre e agradeça pelas pessoas de sua vida, entregue-se ao fluxo do prazer e respeite seu corpo e seu campo. Acolha sua criança e transmita a ela a mensagem de que é seguro estar com as pessoas. Ofereça-se para a vida, para poder receber o que ela generosamente e incessantemente lhe oferece.

Capricórnio

A constelação de Capricórnio (22/12-20/01) traz a qualidade da ordem e da estrutura. Não por acaso, marca o final de ano e começo de um novo ciclo, já que planos, objetivos e intenções estão bem presentes nesse período. A rigidez e o controle podem ser uma distorção da qualidade de governar, presente nessa constelação. Então, nesse período, podemos olhar para nossas metas não com cobrança ou autopunição, provenientes do medo inconsciente do fracasso, mas com acolhimento incondicional por nós mesmos, pois sempre fazemos o melhor que podemos por nós, de acordo com o nível de consciência em que nos encontramos.

Vamos olhar para o ano que passou com abertura, compreensão e autoapoio, conscientes de que as intenções que não puderam ser realizadas, sendo da essência, apenas ainda não estavam em seu tempo e, se são provenientes do ego, que possam ser desapegadas. A sensação de fracasso é sempre originada do ego cobrador, o sucesso só pode existir na essência. Podemos ter muitos desejos e planos para o ano que se inicia, o importante não é questionar se estes são do ego ou de qualquer outro aspecto distorcido de nós mesmos, mas o melhor que podemos fazer por nós é a intenção de estarmos na essência. Capricórnio nos traz a consciência do pai interno que governa nossa vida com poder e amor da ESSÊNCIA.

Aquário

A constelação de Aquário (21/01–18/02) traz a qualidade de liberdade. É um período propício para liberar as amarras com tudo que limita a livre expressão de nossa essência. É momento de libertar-se nas relações e autonutrir-se o suficiente para deixar o outro livre. Não há nada nem ninguém que tenha o poder de nos aprisionar. Tornar-se refém é sempre uma escolha. Ainda que seja inconsciente, é nossa responsabilidade. Quando nos tornamos conscientes de nosso poder de escolha nas relações, podemos transformá-las. Nunca podemos modificar o outro, mas nos libertando, movemos a energia dos relacionamentos que podem caminhar para uma melhor composição. Melhor no sentido de maior ressonância com nosso ser essencial. O amor não é codependente, mas livre, porque está a serviço do refinamento da alma.

Peixes

A constelação de Peixes (19/02–20/03) traz a possibilidade de reconexão ou expansão com o eu superior. A polaridade positiva de peixes é a abertura para o fluxo espiritual. Essa constelação convida-nos à nossa responsabilidade espiritual. Em qualquer constelação, se não estamos na essência, então necessariamente estamos na sombra, porque não existe campo neutro. O desvio da essência traz danos não só a nós e aos nossos próximos, mas colabora para o desajuste planetário. Essa é uma simples motivação para a responsabilidade da vigilância. A respiração consciente é um facilitador desse processo.

Se ocorrerem perdas ou desilusões nessa constelação, faz parte do resgate do caminho da essência. Aproveite esse período para reativar sua fé. Fé não é uma entrega infantil sem comprometimento a algo superior, mas é assumir total responsabilidade pela própria vida e confiar plenamente na complementação da totalidade.

A prática de vivências transpessoais e rituais que acompanham os movimentos das constelações, além de nos selar em uma vida boa e próspera, contribui efetivamente para proteção e expansão de nosso campo energético. A influência dos astros e constelações filtradas pelas fases da Lua denominou os pontos de conexão para a captação da energia celestial, designando-se, assim, o dia apropriado para realização dos rituais cabalísticos. As datas festivas no Judaísmo foram tiradas dessas interpretações de sábios, antigos astrônomos, e eram praticadas pelos sumérios e egípcios. O ritual praticado na lua específica abre um portal para outros padrões vibratórios. Entre os rituais cabalísticos mais importantes estão: *Purim, Pessach, Shavuot, Rosh Hashaná, Yom Kipur, Sucot e Chanuká.*

É importante, na conexão com cada constelação, introjetar e sustentar a qualidade ativada, sustentar o positivo trazido no contato com cada constelação. Dessa forma, vamos nos tornando cada vez mais a totalidade essencial de todas as constelações.

17

Criando Felicidade

O estado de felicidade no presente é resultado da ressonância energética criada no passado. Não é o que pensamos que manifesta a criação, mas o que vibramos. Praticar a felicidade, ou seja, permanecer em estado de abertura, positividade, fluindo apreciação aos momentos vivenciados, possibilita a criação de um futuro feliz.

É nossa total responsabilidade em 100% o que vivemos no presente. A conexão com o portal da alma traz o estado de felicidade, e também a orientação do que se intenciona criar para expandi-la ainda mais. O portal da alma, juntamente com o enraizamento, é responsável pelo quanto de plenitude se é capaz de sustentar.

Fatores que podem definir nossa felicidade:

• Conexão com quem se é verdadeiramente, reconhecer-se quem se é, muito além da mente, mas em ressonância. Sentir que se é, onde não há repertório de palavras para definir-se, porque as palavras estão no nível mental e, nesse lugar da mente, estamos na separatividade, assim perdemos a inteireza de quem somos. Reconhecer-se a partir do nível da mente, como a maior parte das terapias e autoajudas propõe, traz um fortalecimento do ego. Isso pode ser necessário no início da caminhada em direção a si mesmo. Porém, permanecer no reconhecer-se pela mente pode trazer um maior afastamento de quem se é. O reconhecimento de nossa própria ressonância é que pode nos assegurar quem somos verdadeiramente. Quando há essa apropriação de quem somos, podemos reconhecer quando saímos da ressonância que somos. Assim, podemos voltar facilmente para nossa própria vibração quando saímos dela.

Podemos identificar com a mente qualidades essenciais que parecem com nossa ressonância; porém, a identificação com a mente é sempre uma verdade parcial da terceira dimensão. O nível mental está na terceira dimensão. O autorreconhecimento verdadeiro de si mesmo está no nível espiritual, que se encontra na quinta dimensão. Podemos perceber que somos a vibração de algumas qualidades mais que outras, tais como: poder, amor, sabedoria, paz, alegria, prazer, expansão, liberdade. Estas, entre outras, são qualidades da essência que podem expressar qual é a verdadeira ressonância da alma de cada um. Mas não há como expressar, em linguagem verbal, quem se é verdadeiramente. Não há repertório verbal na terceira dimensão para definir-se quem se é. A linguagem da quinta dimensão é por ressonância, não por comunicação mental.

A sede da alma traz quem se é, e permanecer nesse estado já é a própria felicidade. Traz também a verdade de quais são nossos anseios reais. Então, possibilita criarmos verdades e não ilusões. Ela também possibilita sustentarmos o estado expandido que intencionamos criar ou que já criamos. Assim, a sede da alma participa em três funções básicas no processo de criação da felicidade: sentir a plenitude de quem se é, sustentar quem somos e o que criamos. E sabendo quem se é, sabemos o que queremos criar e também sabemos o que fazer para criar. (Ser quem se é, fazer quem se é, ter quem se é) – circuito da felicidade. Se não temos o que nos preenche é porque não fomos quem somos em algum aspecto.

Portanto, se seguimos as orientações internas, só podemos ser plenamente felizes. Mas se colocamos em dúvida nossa verdade por interferências externas, familiares, sociais, de pessoas próximas, então contraímos a sede de nossa alma. Como consequência, deixamos de ser um pouquinho mais quem somos, produzindo desencaixe em nosso caminho de vida, atrapalhando o projeto de nossa alma e atrasando o desenvolvimento maior do Universo. Precisamos estar conscientes se vamos escolher alimentar a criança interna ferida, que necessita agradar o externo para sentir o afeto garantido, ou se vamos honrar a Deus(a), escolhendo a verdade de nossa alma.

A verdadeira vontade de nossa alma é a vontade divina. A quinta dimensão traz esse alinhamento. Por essa vibração mais sutil e verdadeira da quinta dimensão estar se tornando cada vez mais presente na Terra é que as consequências negativas de não se seguir a própria verdade estão cada vez mais imediatas. Nessa nova frequência da Terra, não há espaço energético para sustentação da culpa, que está ressonante com o drama das dimensões inferiores. É legítima a culpa, enquanto uma breve passagem de reconhecimento quando traímos a nós mesmos. Porém, a culpa distorcida, sentida pelo medo da criança interna quando desagradamos o outro, seguindo nossa verdade, é uma emoção tóxica, que nos paralisa no caminho de vida.

• Enraizamento, estar ancorado na Terra para sustentar a expansão e a plenitude.

• O fluxo bioelétrico, composto pelo fluxo energético que sobe da Terra e o que desce do Universo, deve estar em equilíbrio com essas duas correntes. Dessa forma, estamos alinhados com a recepção dessas duas forças.

• Os chacras, em bom funcionamento, possibilitam nosso bem-estar e a abertura para as realizações:

1º Moradia e energia financeira;
2º Prazer e relações interpessoais;
3º Poder e lugar que se ocupa no Universo;
4º Dar e receber amor;
5º Autoexpressão e autoconfiança;
6º Crenças mentais e pensamentos;
7º Espiritualidade e conexão com a fonte.

Exercícios básicos para o cotidiano:

• Voltar para a própria vibração da alma cada vez que sair (orai e vigiai);

• Fluir apreciação e gratidão a tudo e a todos (unicidade);

• Ter a constante certeza absoluta de que tudo está perfeito, nunca fazer oposição ao fluxo do Universo, pois ele traz exatamente o que vibramos no passado, no melhor formato possível para a

nossa experiência. Mesmo nos momentos mais difíceis, existem coisas boas para nos contemplar. Portanto, treinar o olhar para o bom;
• Sempre se responsabilizar, nunca acusar algo ou alguém por sua realidade formada;
• NUNCA RECLAMAÇÃO, SEMPRE GRATIDÃO.

18

Felicidade e Ressonância

A felicidade não é algo que recebemos ou não aleatoriamente. O estado de plenitude, prazer e abundância é consequência da habilidade de expansão e conservação do fluxo recebido do Universo. A fonte divina flui igualmente para todos, não seleciona quem vai receber mais ou menos. É o campo individual da consciência que permite a maior ou menor passagem do fluxo. Como um forte fluxo de água que passa por um cano. O tamanho deste é que determina o quanto é possível passar de água. Quando o campo está espremido e a fonte em alguns momentos da vida jorra maior quantidade de energia, que vem através de acontecimentos felizes, após a expansão vem um desconforto. Para sair dessa sensação quase sempre inconsciente, o indivíduo sabota a si mesmo com pensamentos e atitudes para sair da expansividade. Muitas vezes, com ações inconscientes, elimina a situação externa que está proporcionando a alegria e o prazer.

Eventos externos que nos abrem para maior recepção da energia abundante e plena não acontecem diariamente. Fatores significativos que deixam as pessoas felizes, tais como: promoção, aumento de ganho financeiro, início de um relacionamento preenchedor, casamento, formatura, mudança positiva de residência, entre outros, além de serem eventos esporádicos, alimentam temporariamente. Depois de um tempo, o campo que foi expandido, trazendo vibração e prazer, retorna ao seu fluxo habitual. Não são fatos que nos alegram ou entristecem, mas a relação que estabelecemos com os fatos a partir da própria referência emocional e do quanto de energia somos capazes de sustentar. Ainda que não sejam os fatores externos que nos trazem a felicidade, é o querer que nos move na vida. Quer seja desejo do ego ou anseio da alma, o humano está sempre buscando algo a mais. Alguns acreditam que alcançarão pelo esforço, outros que Deus proverá. Empenho e provisão pode ser uma boa combinação.

Há muitas distorções a respeito da citação bíblica: "batei e a porta abrirá, pedi e recebereis". Pedir que Deus me dê isso ou aquilo pode ser uma visão infantil do divino. Deus não dá isso ou aquilo a alguém por se achar especial. Deus não dá nem tira. O que acontece é que a pessoa pode se colocar ou se retirar do fluxo da graça. O fluxo divino jorra incessantemente a todos, o alinhamento com a essência nos posiciona nessa abertura receptiva. A verdadeira tradução desta citação é: abrindo a porta da alma, todo o fluxo divino é seu. Não recebemos as graças divinas por este ou aquele motivo. Ser bonzinho, inconsciente de si mesmo, não torna ninguém especial para receber. Coisas boas e ruins acontecem a todos. A classificação dos eventos como bons ou ruins é da mente humana distorcida. Os fatos simplesmente são. Os *tsunamis* não acontecem porque Deus puniu, mas porque as placas tectônicas se assentaram e as pessoas afetadas tinham um propósito de estarem naquele local. A natureza e a vida não são boas ou ruins, simplesmente são.

Se você sabe um pouco mais quem você é, então, é possível que você atraia fatos mais ressonantes que dissonantes. Reconhecer a própria alma nos alinha com o fluxo da graça e atrairemos mais facilidades. Porém nosso inconsciente repleto de bloqueios, desta e de outras existências, sempre nos fará atrair fatores desafiantes para ser transmutados. O projeto de Deus para nós é simplesmente nos tornarmos quem somos. Para isso, atrairemos muitas situações para liberarmos quem não somos. Estas podem ser doloridas. Mas com a consciência, não há a identificação com a dor, portanto podemos sentir tristeza e medo muitas e muitas vezes até o fim de nossa vida na Terra, sem paralização no sofrimento. Cada vez a visita ao campo da dor torna-se mais breve.

Não há nenhuma força interna ou externa que possa impedir de passarmos pelo que será o melhor para a totalidade de nosso ser. Nem o que seja "bom" nem o "desconfortável" podem ser impedido de vivenciar quando a alma escolhe. A parte humana de Jesus clamou a Deus, "se for da sua vontade, afasta de mim este cálice". Nosso ego nunca escolhe o mais desafiante. A vontade de nossa alma e a vontade de Deus são absolutamente a mesma. O ego nunca consegue acompanhar os anseios da alma. O ego segue a mente linear, enquanto a alma é holográfica. O que não conseguimos entender, podemos aceitar. A aceitação traz um conforto. O descompasso entre a alma e ego nos leva a desejar o que não preenche e a nos irritar ou entristecer com determinadas configurações apresentadas pela vida. Enquanto insistimos que as coisas sejam como queremos, atrapalhamos o Universo.

Liberar o que se deseja facilita sua concretização. O apego ao querer impede a energia de se movimentar. Como já está provado pela física quântica, o olhar do observador interfere no movimento dos elétrons. Deixar a vida se movimentar sem interferência, com liberdade, é o melhor que podemos fazer para que o melhor "resultado" aconteça. O foco precisa ser forte, mas livre. Querer um trabalho, mas não precisa ser exatamente aquele trabalho, naquela empresa. Querer um relacionamento satisfatório, mas não precisa ser com aquela pessoa. Querer uma casa confortável, mas não precisa ser exatamente aquela, naquele lugar. Focar na ressonância, não no determinado. Sentir-se com todas as realizações acontecendo na sensação, mas sem condicionar para não aprisionar a energia, que sempre irá circular para o desfecho mais apropriado.

Para o que intencionamos obter podemos sim acionar nosso poder divino para a manifestação. Intenção poderosa é uma ferramenta à nossa disposição, porém só vamos manifestar o que desejamos se esse desejo está ressonante com a vibração que criamos para o nosso futuro. Atraímos por ressonância o que vibramos no consciente e no inconsciente.

É uma lei física simples: o que não estiver na ressonância não acontecerá de forma alguma, nem o ruim nem o bom. Só acontece aquilo que está ressonante com o futuro que criamos com a vibração presente. O que está acontecendo hoje está em perfeita ressonância com nossa alma e com a vibração que manifestamos no passado.

Temos força para criar, porém só vamos criar o que está na ressonância do que vibramos. Nunca iremos criar o que não tem ressonância para acontecer. Nossa intenção interfere na criação, porém somente dentro das possibilidades ressonantes. Podemos criar um futuro mais feliz ou menos, de acordo com nosso processo de limpeza dos bloqueios inconscientes. Há futuros que podemos criar com mais ou menos felicidade. Há universos paralelos, onde podemos ter diferentes possibilidades de existência. Alguns futuros são possíveis, iremos manifestar na fisicalidade e participar de um. A intenção pode interferir na manifestação de um dos futuros possíveis, porém a intenção nunca poderá criar algo que não esteja na ressonância.

Nunca iremos atrair, quer seja de bom ou de ruim, se não houver ressonância com aquilo. Por exemplo, uma pessoa que tenha nascido com o corpo flexível pode manifestar uma vida de um ginasta profissional. O corpo segue leis da genética e do hábito de vida, que inclui alimentação e exercício, entre outros fatores. Se o indivíduo deseja ser um ginasta, mas há uma limitação muscular genética, por mais que se exercite, nunca será uma celebridade. Calma, vamos entender bem isso. Podemos conseguir tudo que queremos sim, porém dentro do que é ressonante. Do mesmo modo, não atraímos experiências negativas e dolorosas que não estejam ressonantes com nosso campo. Por essa razão é que, se alguém deseja um mal para nós, só vai acontecer o mal que estiver ressonante. Do mesmo modo, quando intencionamos algo de bom para alguém, só vai acontecer o bom que estiver ressonante. Por essa razão é que não adianta focar aspectos específicos para que aconteçam para nós ou para outros. Não sabemos o propósito do outro. A oração alcança até o ponto ressonante. Rezar para alguém se curar de uma doença só vai ajudar se a pessoa escolheu ser curada; se a alma escolheu ir embora desse plano, então, não temos possibilidade de interferir. O melhor que podemos fazer quando queremos ajudar alguém é visualizá-lo em seu canal de luz, intencionando que ele possa ouvir a sua alma e estar na sua essência. Olhar sempre a imagem verdadeira do outro, não a sua limitação. Se modificamos o olhar, já vamos ajudar muito. E para nós mesmos, a intenção funcionará quanto mais claramente nos conhecermos, para desejar o que está em ressonância. Não adianta, por exemplo, eu desejar viver em um país que não esteja em minha ressonância. Por isso que, se nos conhecemos e conectamos com a verdade de nossa alma, não iremos perder tempo e energia, frustrando-nos com algo que o ego quer, mas que não é ressonante.

Há vários aspectos que interferem no campo da criação, vamos descrever alguns básicos.

• Para o outro, podemos intencionar luz. Entrarmos em nossa luz e vibramos luz para o outro ou para um grupo ou uma situação. Sem desejar nada, porque desejo vem do ego e o ego rompe o fluxo do milagre. Apenas ser luz que vibra luz. Um exercício transpessoal que pode ajudar é nos conectarmos com a sede de nossa alma e, desta, visualizar um fio de luz dirigindo-se ao centro dos universos e deste descer um fio de luz até a sede da alma da outra pessoa. Isso pode servir também para nos harmonizar com pessoas e situações com quais estejamos em desarmonia.

• Criamos dentro das limitações que colocamos a partir de nosso inconsciente. Não é o carma que nos limita, mas a culpa que alimenta o carma.

• Nosso desenvolvimento energético para sustentar uma alta carga de energia produzida pela vibração do amor, da alegria ou de qualquer forma de expansão interfere em nosso canal de recepção. Podemos não atrair o que não vamos sustentar.

• A investigação de nosso inconsciente para a transmutação de bloqueios é o fator principal que interfere em nosso campo de criação. São as crenças que determinam nossas vidas. A questão é que grande parte destas são inconscientes. O indivíduo pode acreditar que crê na prosperidade, porém põe energia na falta. Pode pensar que acredita no amor, mas gera atitudes de distanciamento ou sufocamento e desconfiança. Quanto mais conhecemos e transformamos nosso inconsciente, mais somos livres para escolher o que criamos. Se não nos conhecemos, somos limitados pelas crenças do campo familiar, ancestral e social.

• As intenções alavancam as criações. E as contraintenções rompem o fluxo para a manifestação. Somos seres formados por várias partes e algumas delas podem estar em oposição ao nosso foco. Um exercício que podemos fazer é meditar com a intenção de que todos os nossos aspectos possam convergir para o mesmo propósito. Que todas as contraintenções para as realizações de nossos propósitos da alma se transformem em cointenções. Que todas as nossas partes vibrem na frequência da alma. Nosso ego, criança interna, todas as células do corpo físico, todas as nossas partes vibrem na frequência da alma. Nós nos tornamos assim um *laser*, onde todos os feixes convergem para a mesma direção.

• Para a cura de uma parte do corpo físico, intencionar que essa parte vibre na frequência da sede da alma. A doença é sempre formada por conta de determinadas células não estarem vibrando na mesma frequência da sede da alma. Por motivos emocionais, dispararam a predisposição genética. As células possuem autoconsciência, podemos deixar que nossa consciência converse com a consciência de nossas células. O curador transpessoal pode realizar esse trabalho de intenção de alinhamento do corpo com a alma.

• Para realização afetiva, intencionar que a vida afetiva esteja em ressonância com a sede da alma. Para realização profissional, intencionar que a vida profissional esteja em ressonância com a sede da alma. E assim segue para qualquer aspecto da vida, como financeiro, familiar, entre outros.

Enfim, o mais importante não é o que criamos para sermos felizes, mas sermos felizes independentemente das criações. Apreciar cada momento criativo da vida é criar felicidade. Focar estar na *bliss*, palavra em inglês cuja tradução é bem-aventurança, felicidade suprema decorrente da conexão com a fonte. As palavras possuem força e ressonância. Querer estar na *bliss* atrai situações confortáveis. Estar em felicidade cria felicidade, assim como estresse atrai situações estressantes. Não investir energia em papéis, pessoas ou situações mais que em nós mesmos é também uma forma de criarmos felicidade. Nosso foco de felicidade nunca pode depender de fatores externos. Ser feliz é praticar ser feliz, estando em estado de bem-aventurança proveniente da alma. Nesse estado podemos estar em qualquer lugar, com quaisquer pessoas, em quaisquer circunstâncias, que estaremos bem. A melhor casa é nosso eu divino.

19

Ressonância

Para atrair uma qualidade, precisamos vibrar em nosso campo essa qualidade. Há pessoas que buscam desesperadamente o amor pessoal. Mas quase sempre estas não estão ressoando a vibração do amor, mas geralmente o medo, quer seja da falta, da entrega ou a desconfiança. Se em vez de paralisar no sentimento de falta ou na carência, a pessoa acessasse o estado de amor por si, pelas pessoas ou o amor transpessoal, então, por ressonância, atrairia o amor.

Tudo que é perseguido pela vontade da personalidade torna-se mais afastado. Quem persegue o amor, possivelmente está criando um campo vibratório de abandono, assim como quem se desespera atrás de dinheiro cria uma ressonância de miséria. Precisamos reconhecer o miserável dentro de nós e acolhê-lo com nossa essência. Não há nada de fora que possa supri-lo. A parte de nós que ficou desnutrida afetivamente busca ser suprida por afeto dos outros, dinheiro, comida, poder e por outros entorpecimentos. Mas essa busca de preenchimento inatingível só aumenta o buraco e cristaliza o miserável dentro de nós. Só o amor e a confiança da essência é que podem acolher esse pedaço ferido em nós. Quando desenvolvemos o amor por nós, também vamos abrindo o coração para o outro e assim vamos criando um campo vibratório de amor.

Naturalmente, com o processo de desenvolvimento, também vamos alcançando o amor transpessoal, que nos supre ainda mais. O amor transpessoal é um sentimento de ligação e gratidão por tudo que existe e que forma uma única unidade. Amor pelo reino mineral, vegetal, animal, pela humanidade, pelos planetas, estrelas... Esse estado de amor pode, para algumas pessoas, nunca acontecer e, para outras, pode surgir apenas como uma fagulha devido a uma experiência mística ou por decorrência de um pleno estado de felicidade. As drogas e o álcool podem ser, para alguns, uma tentativa enviesada de busca desse estado. O que nos afasta do amor transpessoal são o egocentrismo e os preconceitos. É comum a crença de que o diferente de mim é ruim.

Quanto mais abrimos o coração nas relações pessoais, mais nos aproximamos do amor transpessoal, e quanto mais experienciamos a unicidade, mais atraímos amor nas relações pessoais. Quer dizer, amor atrai amor, falta atrai falta. Assim também acontece com o campo material: se há uma identificação com o miserável interno, não há campo ressonante de prosperidade para que a abundância seja atraída. Mesmo que se passe por uma falta, é importante experimentar a escassez como uma passagem, sem se identificar com ela. Assim como quando falta saúde, podemos reconhecer o aprendizado, sem nos identificarmos com o doente. Experimentar qualquer estado de falta sem nos identificarmos com a falta faz com que possamos sustentar um campo vibratório de preenchimento. Talvez seja isso que Jesus quis dizer com: "Àquele que tem, mais será dado e daquele que não tem, o pouco que tem será tirado".

Quer dizer, o que vibramos em nosso campo é que cria a realidade. Não é a realidade que determina nosso campo vibratório, mas o modo como a experienciamos. Assim como não é nossa mente que cria nosso mundo externo, mas nosso campo vibratório. É a ressonância que vibramos em nosso campo energético que, por atração magnética, cria a realidade correspondente.

Criar um campo vibratório do que desejamos é também um treinamento. O tipo de lugar que frequentamos, filme a que assistimos, música que ouvimos, pessoas com quem convivemos cria um campo ressonante. Somos atraídos pelo que vibramos em nosso campo e, ao mesmo tempo, nosso campo se molda de acordo com a ressonância que nos cerca. Podemos conscientemente escolher o que nos cerca de acordo com o que desejamos manifestar. Por exemplo, quem assiste a filmes de violência atrai situações de agressividade, separação ou disputa. Ao convivermos com pessoas que vibram a falta, podemos atraí-la, se não permanecermos em nossa frequência da alma.

O caminho não é nos afastarmos de pessoas que queremos bem para preservar nossa própria vibração. Essa é a defesa narcísica da terceira dimensão. A tarefa de nossa alma é sustentarmos a conexão com a essência quando estamos próximos de pessoas que estão reclamando, irritadas ou em quaisquer estados de baixa vibração. Se estamos com tais pessoas é porque temos o propósito de elevarmos nossa vibração, para que, sem qualquer expectativa, a vibração do outro também se eleve. Caso a resistência do outro à transformação seja maior que o anseio da alma, então naturalmente essa pessoa será afastada de nosso caminho.

Ao mudarmos nossa vibração, o que nos cerca pode também acelerar o padrão vibratório e se transformar junto, ou pode se dissolver ou afastar. Então, nosso campo é influenciado pelas energias que o cercam, mas também podemos criar o que intencionamos em nosso campo com nossa vontade consciente. O que sinto que sou é o que vou atrair. Se sinto que sou amada, atraio pessoas amorosas; se sinto que sou próspera, atraio abundância. A ressonância é criada pelo que sentimos, pensamos e agimos e não só pela mente.

Provocamos as mudanças com mais facilidade pela ressonância que criamos em nosso campo. Escolher a vibração em que intencionamos permanecer é nossa tarefa diária, que não deve ser esquecida em nenhum instante da vida.

Quando eu me conheço e expresso quem eu sou no cotidiano, por ressonância atrairei o que está afinado com minha essência, a profissão certa, os lugares certos, o casamento afinado e todos os outros aspectos da vida – entendendo as palavras "certo" e "afinado" como o que faz sentido e o que nos preenche de energia. A armadilha perfeita para nos trairmos e irmos em busca do que não é verdadeiro é priorizar o social, o que os pais e o campo familiar ou a cultura ditam, direta ou subliminarmente, que é seu caminho em detrimento do ser. Muitas vezes, é mais fácil seguir o caminho que o outro já percorreu, o que é mais aprovado pela cultura ou o que é mais passivo de aplausos.

20

Confiança e Rendição

As pessoas que confiam em outras pessoas abrem possibilidades para a criação de mais relacionamentos do que aquelas que são desconfiadas. Confiar é uma ponte para encontrar a alma do outro. Quando o ego confia, imediatamente as almas se encontram. Mas nem sempre que as almas se encontram, o ego confia. A não permissão do ego desconfiado sabota oportunidades de amizades e relações mais íntimas. Pessoas que confiam, ainda que eventualmente sejam enganadas, constroem relações de essência, enquanto as desconfiadas afastam as relações.

Desconfiança atrai situações para que a desconfiança continue sobrevivendo. E confiança atrai situações e pessoas confiáveis. A confiabilidade é o consentimento de nosso nível humano para que o divino se enraíze nas relações. Pessoas que confiam criam vidas abundantes e satisfatórias, porque seus corações estão abertos. As palavras de Jesus cabem bem neste contexto: os que forem como crianças herdarão o reino dos céus. Reconectar-se com a inocência de nossa criança, além de nos trazer mais alegria e um prazer natural de estarmos vivos, confere a nós o ancoramento de uma vida mais feliz. Na quinta dimensão, faz muito mais sentido ser bobo do que esperto.

A esperteza egoica tem pouco lugar na nova dimensão. A esperteza egoica desprotege, enquanto a inocência, naturalmente, cria um campo de proteção. A referência à inocência não quer dizer ingenuidade, que implica uma parcialidade de autoabandono. A abertura do coração precisa estar de mãos dadas com um eu adulto, que tem percepção e ouve a intuição, protegendo a criança interior. Tal proteção acontece naturalmente pela integração do eu adulto centrado com a criança aberta. Nesse caso, a proteção vem do amor. O ego desconectado da alma e da criança tenta proteger a partir do medo. A proteção egoica tem furos, não consegue controlar as adversidades nem tampouco o comportamento dos outros. A vulnerabilidade do humano entregue à alma confere a segura proteção.

Na quinta dimensão, não há sustentação do paradigma de levar vantagem para se proteger. A alma não consegue estabelecer negociações injustas. O humano da quinta dimensão realiza trocas com as quais ambos saem beneficiados. Os valores de ambas as partes são respeitados. O novo humano não consegue "esfolar" o outro para se sentir beneficiado. A satisfação é encontrada no bem do todo. Na quinta dimensão, qualquer tentativa de sair do benefício do todo é imediatamente sentida como dor. Toda manifestação de privilégios egoicos em detrimento do bem comum recebe seu revés. Cada saída do todo é dor. Na exaustão do sofrimento da terceira dimensão, o humano depõe suas armas e salta para uma nova frequência. Não há outro caminho: a confiança que vibra para o bem do todo ou a infinidade de atrações de *scripts* dolorosos. A desconfiança pode mudar o cenário, mas o roteiro é o mesmo. O ego ferido e murado troca as relações, repetindo as mesmas dinâmicas de traição e sofrimento.

O ego desconfiado não só atrai relações de traição pela ressonância negativa, mas também interpreta enviesadamente os acontecimentos para continuar na dinâmica da vítima e opressor. Sentir-se ofendido pode ser sempre questionável. Se não há uma ofensa física ou espiritual, então muitas vezes o sentir-se ofendido pode estar na supervalorização egoica. E o rancor pode estar na supervalorização egoica e rígida. Enquanto aquele que confia é capaz de enxergar a luz e a essência além dos fatos, a desconfiança distorce a visão da realidade para o reforço da crença de um mundo hostil e doloroso. A confiança compreende, não julga e interpreta os fatos a partir do coração. Compreende as distorções do outro sem superioridade, mas por sabedoria. Sabe que, por pior que seja o comportamento do outro, lá está sua essência, como sempre esteve e sempre estará. O humano bem-sucedido no novo paradigma é aquele que vive, sente, perdeu muito, e quanto mais perde, mais ganha. Não há vencedores sobre nada que seja vencer a si mesmo, permitindo-se morrer e deixar morrer.

E assim desconstruindo, morrendo para viver em frequências mais elevadas e satisfatórias. Falências e fracassos são ganhos, e segurar o lugar do sucesso é perda. Perder é ganhar e ganhar é perder. Toda perda egoica pode ser um ganho da alma e todo ganho egoico desconectado da alma é perda. O ganho egoico é legítimo somente quando o ego ouviu o pedido da alma para realizar e executou a tarefa. Aí, sim, parabéns ao ego executor dos desígnios da alma. Porém, o ego por si mesmo que vence separado do todo permanece o tempo inteiro com um medo crônico, muitas vezes inconsciente, de perder o conquistado. Tal medo tem procedência porque de fato irá perder. Porque a alma não quer esse ego isolado do todo, então cada atitude de separação que cria uma aparente conquista será sempre fracassada, mais cedo ou mais tarde. Aquelas pessoas que estão sendo expostas por corrupção, fraudes e roubos ouviram o chamado da alma e fracassaram em seu projeto egoico que trouxe dano à totalidade, porque estão caminhando para o sucesso da alma. Sofrer denúncia, exposição pública, falência, punição, abandono são caminhos que a alma escolheu e o eu humano consentiu inconscientemente que acontecesse para o ajuste da totalidade. Por trás de toda dor da derrota egoica, há um alívio. É apenas uma questão de tempo. Todas as nossas máscaras cairão e todos os nossos desvios serão revelados para nós mesmos. A verdade é imperativa na quinta dimensão. Podemos escolher depor nossas armas, sair das oposições e abrirmos o coração conscientemente ou isto acontecerá de qualquer forma na inconsciência.

Silenciar e ouvir constantemente são nossa possibilidade de discernimento. Nosso coração será aberto mais cedo ou mais tarde. Confiar e ceder é o que todos nós teremos de experimentar, construindo uma vida a partir do desarmamento e da abertura. Todos queremos paz, mas ela só vai se enraizar quando o ego ceder e interpretarmos a rendição não como humilhação, mas como humildade.

21

Fluxo e Retenção

A prioridade da vida deve ser a vida. Só podemos ser plenos se somos presentes com cada configuração que a vida apresenta. Precisamos ter foco, mas liberar o foco. Podemos planejar, porque nos sentimos confortáveis com a segurança do planejamento, porém podemos estar flexíveis para acompanhar o movimento da vida e não estagnarmos no destino da mente. A vida se movimenta e a mente cristaliza, pois ela não é capaz de acompanhar o fluxo. Estar identificado com a mente é sempre estar fora do tempo do Universo. Somente o estado do ser é capaz de acompanhar o fluir da vida.

Não estar em integração com o presente é anestesiar parte de si mesmo. Só podemos estar inteiramente vivos na Terra se estamos integrados com o presente; e só podemos estar integrados com o presente se estamos inteiramente vivos. A respiração é uma chave intermediária entre o divino e o humano. O sopro divino vem despertando todas as células da fisicalidade, trazendo Deus para o corpo. A respiração permite interligar o presente e a vida. Respirar conscientemente nos torna mais vivos e presentes. É comum não ancorar toda energia no corpo físico e viver parcialmente encarnado. Parte encontra-se presente e viva, e a parte não viva, em outro nível de consciência mais inconsciente. Respirar fluindo aceitação e gratidão ao momento presente é nosso principal propósito para ancorar outros propósitos. Quanto mais somos presentes, mais facilmente podemos manifestar na Terra os propósitos da alma.

A vida é fluxo. Quando fazemos oposição à vida, não fluindo aceitação ao momento presente, rompemos com o fluir e, consequentemente, vamos produzindo impedimentos em nosso campo. Podemos observar que pessoas realizadas e felizes que conhecemos são fluidas com a vida. Estar no presente sem conexão com a falta, que gera o padrão da reclamação, é estar em aliança com a vida. Ter a vida como aliada ou opositora é uma questão de escolha.

A percepção que temos da vida depende de como a vida se apresentou para nós desde o início da fecundação no ventre de nossa mãe. Como foi transmitida a percepção do mundo, por meio do ambiente familiar, sobretudo no princípio de nossa formação, define nossa abertura ou fechamento para a vida. Sabemos que a vibração atraída no início de nossa vida, formada pelo campo familiar, influência ancestral, interferência do bairro, cidade, país, primeiras interações escolares, entre outras ressonâncias, é apenas uma repetição do padrão vibratório que já viemos repetindo em outras existências. Portanto, é totalmente nossa responsabilidade como fomos recebidos pela vida. Além disso, mesmo que na repetição inconsciente perpetuemos limitações e dificuldades, a vida adulta nos possibilita a criação de uma nova vibração.

Não importa como fomos recebidos pela vida, mas como sairemos dela. A vida possibilita constantemente que os recursos internos de cada um sejam despertados diante das circunstâncias. Todos temos possibilidades de realização. A questão é que é nossa responsabilidade nos paralisarmos diante das limitações ou nos desidentificarmos do bloqueio, rompendo com a vitimização. É uma escolha consciente sustentar o olhar além do drama. É um padrão social colocar a energia na dificuldade e na dor. Constantemente encontramos desafios em alguma área da vida, assim, quando o externo está no comando, nunca nos sentimos plenos. Estar em rendição, que é um estado além da aceitação, abre a possibilidade de nos sentirmos preenchidos. A mente fica à procura do momento perfeito, porém, para a alma, todos os momentos são perfeitos. O estado de graça é a vibração natural da alma quando não fazemos oposição à vida. O ego, na tentativa enviesada de nos proteger, sempre irá controlar, querendo que o que foi, o que é ou o que será sejam diferentes. O ego precisa aprender a resiliência e a gratidão da alma.

Já sabemos que nada é absolutamente como desejamos. Não criamos nossa realidade com a mente, mas com nosso campo de energia. Tudo que a mente planeja não acontece igual. Quando estamos alinhados com a essência, muitas vezes a vida oferece configurações melhores do que o esperado. A vida traz o absoluto necessário e, quando o melhor não acontece, podemos simplesmente nos render ao que vem. Na rendição, podemos acessar a sabedoria que compreende o propósito maior por trás das circunstâncias. E nessa entrega acessamos o estado de graça, assim, podemos ficar bem diante do "bom" ou do "ruim" da vida. Ancorados na essência, podemos transcender a polaridade do mundo da forma. Transcendendo para além do ego está a plenitude, porque não existe mais bom ou ruim. As situações confortáveis e prazerosas podem ser experienciadas plenamente e não nos engolfamos com as doloridas porque, na essência, não nos identificamos com a dor. Quando não nos integramos com o obstáculo, ele se dissolve. Sem apego ao bom ou ao ruim, indo além da manifestação das formas externas, está o ser. O eu transpessoal, além do eu pessoal, reconhece a beleza da vida.

O eu transpessoal sabe que o mundo da forma é apenas uma projeção do mundo energético. O que parece ser realidade concreta é ilusão. A realidade é a vibração que criamos. O eu pessoal vive no mundo da forma, identificando-se com o ego, enquanto o eu transpessoal vive a dimensão terrena, mas não está preso a ela. O eu transpessoal cumpre as tarefas terrenas, pois já se alicerçou na terceira dimensão, porém não vibra na frequência da realidade concreta.

Enquanto o eu transpessoal está presente, sem se identificar com o que se apresenta, o ego está sempre procurando uma configuração diferente. E mesmo quando encontra o momento perfeito, apega-se a ele, gerando o medo. A vida identificada com o ego é atolada na frustração e no medo. Frustração diante da imperfeição e medo diante da perfeição é o estado vibracional do eu egoico. A vida no ego é constante apego, que gera um medo crônico. O processo de desapego não ocorre por uma escolha da mente. Escolher o desapego é consciente, mas não é mental. A consciência não está na mente, mas na totalidade do ser. Se desejamos nos desapegar, não conseguimos, porque estamos no querer da mente. O desapego é proveniente do estado de rendição, que acontece naturalmente quando ancoramos na essência. Claro que o ego distorcido continua a se manifestar, mesmo quando estamos mais em conexão com o ser. É um treinamento diário, constante, perceber e retornar à essência.

Só podemos ser plenos se nos tornamos conscientes. Se sabemos quem somos, sabemos o que queremos. Assim, não somos engolfados pelo mar de quereres egoicos ou capturados pelas demandas da criança interna ferida insaciável. Anseio é diferente do querer. A essência tem anseios, o ego tem quereres.

O desapego é a única possibilidade de encontro da plenitude. Quando não nos importamos na profundidade da alma, além da máscara da indiferença egoica, então nos abrimos para obter. Quando encontramos o ser, o mundo interno passa a ter muito mais importância que o externo. Desapegando das expectativas de desfecho determinadas pelo ego, a energia flui naturalmente para a condução do melhor para nossa alma. Muitas vezes, estamos bem inconscientes para sabermos o que realmente é importante para nossa realização. A felicidade encontra-se na liberdade do além desejo. Nossas partes internas sempre querem, desejam, mas, quando a essência é a parte dominante, então podemos liberar as expectativas de manifestações externas. Essa liberação contribui para que a configuração mais favorável para nossa alma se manifeste.

Não existe sustentação da felicidade sem a libertação dos quereres. Como tudo é móvel, não há nenhuma realização que não se dissolva. O ego sempre sairá à procura de novos preenchimentos e, consequentemente, de novas falências, porque toda manifestação no mundo da forma tem um tempo para existir. Todo querer egoico encontra em algum momento a frustração. Somente o eu profundo que é encontrado no vazio pode nos conduzir ao estado de realização e plenitude.

Shiva, divindade indiana, é o destruidor e o regenerador. A destruição pode parecer bem assustadora para o ego, mas, para o divino, é reconhecida como benéfica. O princípio de Shiva é que tudo que foi criado será destruído. Isso parece bem cruel para o olhar humano. Porém, se compreendermos que tudo que é destruído é para ser reconstruído para uma construção mais ressonante, então, *LET IT BE*, deixe ser, deixe estar. Buscar o preenchimento no mundo da forma sempre nos frustrará. Nessa interposição de dimensões em que estamos inseridos, estamos vivendo em pelo menos dois níveis diferentes. Uma parte nossa está na terceira dimensão, com medo, e outra está plenamente feliz na quarta/quinta dimensão. Então, a todo instante podemos escolher.

A destruição nos empurra para o vazio. O esvaziamento externo nos convida a visitarmos o espaço vazio interno. Quando conseguimos ir além do desconforto do vazio, até o ponto de sentirmos prazer e felicidade nele, então podemos nos realizar, porque somos livres e encontramos nesse estado interno a verdadeira autoestima. O amor-próprio consistente encontra-se na passagem pelo vazio. Nesse lugar só há o eu mais profundo e esse eu divino é que nos apoiará e nos nutrirá incondicionalmente. Somente a autoestima divina encontrada no vazio nos preencherá.

Quanto mais experienciamos o vazio, mais nos tornamos nós mesmos, porque vamos ocupando nossa presença. Faz parte da tarefa de vida, enquanto estamos na Terra, ancorarmos nossa alma em nosso corpo para nos tornarmos presenças vivas. Respirar consciente é trazer a presença. Podemos praticá-la, até que se torne dominante. Respirar sentindo o fluxo da vida e as partes do corpo é um caminho para a presença. Praticar até que o eu corpo e o eu alma se integrem e passemos simplesmente a ser. Ser é simples e fácil, mas fomos treinados a fazer imenso esforço para não sermos.

Quando simplesmente vibramos o ser que somos, toda realidade externa se alinha com nossa vibração essencial. Para isso, precisamos observar nossos pensamentos. O pensamento traz um sentimento, manifestando uma vibração e criando uma realidade. Onde está nosso pensamento está nossa energia, sendo que, na ausência dele, temos a possibilidade de criar a vibração mais ressonante com nossa alma. É nesse espaço de silêncio mental que experimentamos a presença divina em nós e um estado de bem-estar inabalável. Quanto mais aumentamos as lacunas entre os pensamentos, mais abrimos espaço para sermos, mais criamos verdade para nós e para o mundo. No nada encontra-se o todo.

22

O Amor e o Caos de Deus

Se Deus é amor e caos, quem somos nós para querermos combater o caos? O humano produz mais caos ao querer lutar contra ele. A busca frenética para evitar a dor, criando uma sociedade de pessoas mimadas, porque nos automimamos, cria refúgios e padrões de fuga, que esvaziam mais e mais a essência. Deus é amor e caos, viver é amor e caos. Não lutemos para evitar a dor, mas vivamos cada dia o seu dia. Um dia de grande sofrimento pode ser seguido de um dia de êxtase, assim como o inverso. Absolutamente nada do que façamos pode garantir o próximo minuto. A vida muda em um segundo. Temos enorme poder de criação, mas não temos domínio algum sobre as variáveis inerentes à própria vida. Limpar o inconsciente, vibrar felicidade e bons sentimentos, liberar culpas são fatores que vão interferir para a criação de uma vida boa. Porém, uma vida boa não é uma vida estática.

Vida é movimento e o caos sempre vai surgir independentemente de qualquer coisa que se possa fazer. Só nos resta abraçar a cada dia com gratidão e confiança. A revolta com o desconfortável só cria mais campo de dor para nós e para outros. A revolta é uma distorção da qualidade da essência de revolução. Somos seres revolucionários, sempre modificando, quebrando estruturas falidas para nos dirigirmos para um bem maior, tanto no micro quanto no macro. Revolução sem revolta. Revolução com poder inabalável amoroso. O amor tem o poder de transformar com mais foco e precisão que a força. Gandhi teve o propósito de mostrar isso. A revolução pelo amor também causa bem menos danos ao individual e ao coletivo.

Todos que estão lendo este livro passaram por dores e sobreviveram. Assim, somos adultos com estrutura para lidar com qualquer episódio em nossas vidas. Quem se desespera e sente que não vai aguentar é a criança de meses ou poucos anos dentro de nós. Quando crianças, não tínhamos a menor condição de nos defendermos do caos que surgia no campo familiar, sentíamos acuados, querendo apenas que a fonte de dor desaparecesse, que acabasse aquilo. Criança é sensorial e emocional, sem crivo racional desenvolvido para o entendimento. Porém, nós adultos, hoje, podemos passar por qualquer situação. Como se explica pessoas que passam por circunstâncias trágicas ou vivem em estado de extrema limitação física, mas mantêm a felicidade? Os religiosos diriam que essas pessoas têm Deus no coração. Isso também é verdadeiro. Estão conectadas mais com a essência, do que com a existência. Além da conexão com o ser essencial precisamos tranquilizar a criança dentro de nós. Dizer a ela que esse eu adulto, juntamente com a essência, vai cuidar dela. Isso pode ajudar a sair do estado emocional fantasmagórico. Quando confiamos plenamente que nossa essência é verdadeiramente capaz de nos cuidar, então deixamos de nos defender da vida. Aí sim, eis a felicidade. Estar em estado de abertura para cada dia, deixando que venham as surpresas, é criar felicidade. Se estamos abertos, saboreamos os momentos felizes com mais inteireza porque estamos presentes. E os reveses desafiantes podem ser vivenciados como oportunidades para extrair da alma mais essência. Liberando a defesa da vida, ficamos presentes. E o presente sempre é um bom presente.

Não precisamos economizar vida nos protegendo. Tal dinâmica não vai adiantar; pelo contrário, a defesa cria um campo de medo, que possibilita por ressonância a atração de fatores que recriarão esse sentimento. Pois criamos situações que alimentarão a repetição das nossas emoções. Medo cria situações de medo. Raiva cria episódios que nos enfurecerão. E amor e alegria criam circunstâncias agradáveis. É simples assim, a matemática da energia. Excesso de proteção a nós mesmos ou a outros facilita a criação de situações desagradáveis. Isso pode ser bem importante para a criação de filhos. O filho pode ser criado em um campo de medo, com uma voz interna dizendo:

PERIGO. A não confiança na essência do filho e da vida certamente vai limitar a livre expressão deste. Os limites são de fundamental importância para o desenvolvimento de um adulto com valores de respeito a si e a outros. O limite cria um adulto com percepção do outro. A falta de limites cria adultos egocêntricos e consequentemente infelizes, porque quando o ego está no centro, não há felicidade. Limite e liberdade, proveniente da confiança na essência, pode ser uma boa combinação.

Sem culpas para os pais que criaram seus filhos no campo do medo, quer seja criando estado de alerta ou distorcendo a liberdade. Porque os pais não são culpados, eles simplesmente estavam respondendo à ressonância dos filhos. A alma escolhe os pais para o aprendizado. Não importa como você criou seus filhos ou como foram todas as relações até agora. O importante, é, a partir do presente momento, treinar o olhar para a essência e não para a dissonância. Está comprovado cientificamente que o olhar do observador interfere nos elétrons. Criamos a partir do olhar. Enxergar essência cria essência. A não colocação de limites também provém do medo, muitas vezes inconsciente, de perder o amor do filho. Na vida adulta, a não colocação de limites para as relações podem indicar o medo da perda. O controle é uma falácia do ego, mas regras e limites podem estar na ressonância da essência. Estabelecer regras e limites para os filhos e para nós mesmos é criar estrutura e valores importantes para a quarta dimensão. Porém, ordenar não com o campo do medo, mas do amor.

Amor é a melhor proteção, porque evoca a essência. Quanto mais amor com liberdade, mais essência, mais proteção. A vida que criamos depende do quanto vibramos de medo ou de amor. Estar verdadeiramente no presente é estar no amor, e vibrar amor traz a consciência para o tempo presente. Evitar a vida buscando segurança é uma ignorante ilusão, da qual todos nós, em maior ou menor grau, participamos. A terceira dimensão traduziu-se em estruturação necessária para a evolução. A estrutura trouxe estabilidade. O estável fez-se presente como crença e manifestação por muitos anos na terceira dimensão. Realizar escolhas a partir do foco da segurança é um comum autoengano. A segurança não se encontra no controle ou em qualquer movimento egoico. Grande parte dos conflitos deste tempo é porque parte de nós mesmos intenciona voltar para a estabilidade. Assim como o Universo encontra-se em expansão, nós também estamos sem mais recuo.

Os cientistas concluíram que o Universo não mais se contrairá até desaparecer, mas só irá expandir mais e mais. Não há como voltarmos para o que nos trazia estabilidade. Ao passado só faz sentido retornar se for rematrizado com uma transformação, que possibilita uma configuração para o encontro que seja mais ressonante. Não voltamos ao passado como era, porque não somos os mesmos que possibilitavam tal configuração. Podemos ter gratidão e carinho pelas pessoas que passaram por nossa vida. Mas só será legítimo e gratificante permanecermos em sua presença se houver ressonância harmônica entre o novo eu e o antigo outro transformado. As pessoas e situações só cabem retornar se houver alguma ressonância ou propósito.

Buscar a estabilidade gera conflitos porque o ser da quarta dimensão não é estável, mas livre em sua múltipla expressão. Precisamos atualizar nossas crenças para vivermos na nova vibração. A maior parte de nossos conflitos ocorre porque estamos vivendo em uma frequência de quarta/quinta dimensão com um sistema de crenças de terceira. Aos poucos vamos conferindo, com a realidade, que nosso sistema de crenças está falido. A atualização do programa é fundamental para nossa saúde e do coletivo. A sociedade adoeceu porque não se atualizou. Todas as crenças contrárias à essência maior estão falidas. A obediência deve ser ao ser. Como obedecer a um sistema falido? Não há novas leis que possam criar uma sociedade saudável a partir do controle do ego. A ordem e a lei precisam vir não de imposições. Religiões criaram leis não para o bem comum, mas para o interesse de uma minoria. "É mais fácil um camelo passar pelo buraco de uma agulha que um rico entrar no reino dos céus". Distorções e distorções das palavras de Jesus e de seus discípulos para a criação de uma sociedade com seres sem poder. Instituições falidas que criaram gado não servem mais, porque o ser humano na quarta dimensão já sabe quem ele é. A religião é legítima quando religa, não quando separa. Se para o humano é importante o caminho religioso, então deve checar com a alma qual a escolha mais ressonante a seguir. Dentro de uma religião ou seita há muitas variáveis, mais ou menos ressonantes. Já conheci padres verdadeiros e com essência, assim como conheci orientadores de espaços esotéricos bem inconscientes da própria sombra. A questão não é o que seguir, mas checar tudo com a própria alma. Inclusive o que eu estou escrevendo aqui. Aproveite o que serve e esqueça o que não serve, que para alguém no ponto do holograma servirá.

A religião ou qualquer caminho espiritual é construtivo quando faz ressonância com a alma, não quando reprime. O ser humano não é um infeliz nascido do pecado, é divino. A repressão, dinâmica bem presente na terceira dimensão, criou distorção. A repressão sexual provocou em muitos a reatividade, que, por liberdade enviesada, retiraram o sagrado do sexo, banalizando-o. A consciência do sagrado pode estar presente em qualquer encontro físico. Pois assim o ato sexual será de preenchimento e não de esvaziamento. A repressão criou a libertinagem para alguns e o enfraquecimento do poder para outros. A repressão sexual retira parte da energia do poder. Na astrologia, a casa da sexualidade e do poder é a mesma, que é a casa de escorpião. A repressão feriu a essência em vários aspectos, a sexualidade é apenas um deles.

Empolguei-me aqui com minha veia de sociologia, que foi o primeiro caminho que busquei antes da psicologia. Voltando ao tópico da segurança. Pois bem, a segurança não será encontrada mais na estabilidade da terceira dimensão. Porque ela não existe mais. Acabou a estabilidade ou a ilusão dela. O ser da quarta/quinta dimensão é presente na vida, aberto para o fluxo que a vida traz, e aí está a segurança. Não há como evitar o risco. Viver ancorado na essência é a única segurança possível. A vida na essência não é garantia de não aparição do mal, porém há recurso interno para qualquer enfrentamento. O mal dentro e fora pode ser encarado e transmutado com dignidade. E assim, ampliamos o campo de poder. "O que não me mata, me torna mais forte." Sim, tal pensamento de Nietszche serve bem para o que ele se referia como super-homem. O super-homem de Nietszche não é o de nossa referência da terceira dimensão. Não é o cara que está no ápice pelos conceitos da cultura. O homem com o ego inflado vai cair mais cedo ou mais tarde. E não cai porque a vida o derrubou, mas pela escolha de sua própria alma que anseia ir além. Assim, atrai situações externas que derrubará o que o mantém na máscara do homem ideal. O super-homem de Nietszche é o ser inteiro sem máscaras.

Manter um estado de ideal, além de afastar a essência, requer muito investimento de energia, sem propósito. Como é desgastante manter o modelo social de perfeição. Manter corpo perfeito, situação financeira perfeita (tomando aqui a referência dos ricos das novelas), casamento perfeito, filhos perfeitos, pronto, matou a si mesmo e contribuiu para outras mortes. O indivíduo pode alcançar riqueza material, beleza física, casamento e profissão realizadoras. Porém, não ser escravo. Quando o valor de importância está no externo, tornamo-nos reféns. É legítimo o ego ter tudo o que ele quiser desde que esse não seja o propósito principal. Se deixamos de priorizar a escolha pela essência para escolher pela manutenção da perfeição egoica, então estamos nos traindo profundamente. Quase sempre sem percebermos, mas, pela robótica, temos atitudes e sentimentos que não estão servindo ao nosso bem maior, mas à manutenção da escravidão, que recria a separatividade. Não temos a menor noção de que nossas criações egoicas podem fortalecer o campo das trevas neste planeta. Pequenas contribuições formam o campo de sombra que se manifesta em alguns indivíduos que o canalizam. Quem praticou o mal? Ainda que o ato tenha vindo de um indivíduo, todos nós fomos contribuintes. Os maiores sofrimentos da humanidade vieram de egos que buscavam a perfeição. Então, quando sofremos com as aparentes imperfeições, estamos fazendo o quê? Não estamos criando dor só para nós.

Nada é perfeito e estático. A vida é caos e movimento. O ideal de Platão não existe no existencial. Vamos tomar a essência de Platão. Massaharo Taniguchi captou bem a essência de Platão. Nós e tudo que existe é imagem verdadeira, harmonia e perfeição. O que foi distorcido é que buscamos a perfeição egoica e não a divina. Tudo é perfeito dentro da imperfeição egoica. O todo está em tudo e tudo está no todo. Tal princípio taoista revela a consciência da perfeição divina. Se Deus é perfeição e somos sua imagem e semelhança, então nada nem ninguém é imperfeito em seu potencial original. Somos perfeitos, mas não ideais. A busca do ideal criou uma civilização de dor e separação. Quando buscamos o ideal, corremos o risco de nos abandonarmos. Nossa alma quer o ideal divino, não egoico. Ideais divinos, tais como liberdade, igualdade e fraternidade, são legítimos porque estão a serviço do bem maior, não do bem de um indivíduo. Chequemos se nossos ideais estão a serviço somente de nosso próprio bem-estar e de nossos próximos ou se podem beneficiar a nós e ao todo. Buscar o bem-estar somente dos próprios familiares é uma atitude implantada na crença do brasileiro. O humano tem uma lista gigantesca de quereres e uma bem pequena de doação. A vida é compartilhar. Impossível a felicidade com esse nível de consciência. O ser essência é o humano que superou a si mesmo. É o ser que vive dia a dia em sua inteireza e seu presente. Não está preso nos ideais do futuro ou nas lamúrias do passado. Não está apegado ao bom ou ruim do passado nem preso às expectativas ou medos do futuro.

Se nossas pequenas escolhas do cotidiano não expressam nossa essência, as grandes também não expressarão. Não sejamos infantis ou arrogantes, felicidade é construção e evolução sustentada é treinamento incessante. E não há metas a ser atingidas, tampouco ponto de chegada. Nunca estamos prontos e sempre já estivemos prontos.

23

A Alma Como Veículo para Manifestação da Essência

(Mudança e aceitação integradas pelo comando do eu superior)

O ser fiel a si mesmo faz o que é necessário e acolhe o que a vida traz desde os pequenos fatos até os mais significativos. A aceitação ativa sustenta a abertura da sede da alma, enquanto a reclamação a contrai, afastando ainda mais o indivíduo de sua alma. O padrão de reclamação, fortemente sustentado pelo social, é o caminho certo para o afastamento da própria essência e para a manutenção da fonte de sofrimento. Além disso, esse padrão atrai situações para que a energia da reclamação seja manifestada. Quem tem o hábito de reclamar, por ressonância de vibração energética, atrai situações para que esse padrão continue sendo sustentado. Reclamação atrai motivos para reclamação. Esta não é só verbal, mas sentimentos e pensamentos não gratos, conectados com a falta, criam esse padrão vibratório, que é atrator de infortúnios. Receber as situações com gratidão e perdão, ao que nossa mente ainda não interpreta como perfeição, é o melhor que podemos fazer por nós e pelo todo. O padrão da gratidão atrai motivos para a expressão da gratidão.

A aceitação da essência, que nada tem a ver com a aceitação passiva e acomodada do ego, é chave para vivermos no presente. Contemplarmos as situações, em vez de permanecermos na tentativa de romper com o fluxo que se apresenta no momento, possibilita-nos ficarmos mais presentes. Usufruímos da vida quando estamos presentes, inteiros.

Ficar na mente é a armadilha do ego para não viver. Respirar sentindo cada instante gracioso da vida cria por ressonância mais situações de graça. O momento presente, além da mente, é a oportunidade de vida. Estar presente no corpo e na essência é um estado que pode nos conferir uma satisfação que não é facilmente rompida diante das circunstâncias. Nesse estado, podemos acolher qualquer manifestação desconfortável da vida, sem perpetuar sofrimento com as interpretações da mente que mantêm o padrão da reclamação.

Essa presença traz aceitação e confiança, que são chaves para o bem viver e estão acopladas uma à outra. A confiança da essência é um estado de certeza da vida. Confiar não é ter certeza de que as coisas acontecerão como gostaríamos. Essa forma de confiança pode ser proveniente da criança ingênua ou do ego, facilitando a condução à frustração. A confiança da essência traz junto a aceitação do que quer que aconteça. Podemos confiar que vamos atrair o que queremos, mas, ao mesmo tempo, deixar fluir aceitação para o que vier, pois na composição maior da vida todos os fatos estão perfeitamente orquestrados pela alma maior.

A conexão com a alma, possível por meio da entrada no espaço de silêncio, alinha a vontade individual à vontade divina. Naturalmente o ser é movido a fazer o que é melhor para si e para o todo. Essa é a frequência da quinta dimensão. A prática da penetração no silêncio da alma facilita que o indivíduo torne-se consciente de seus aspectos egoicos e infantis que impedem seu crescimento emocional e, consequentemente, espiritual. Tornar-se consciente não significa resolução, mas quando estamos em nossa integridade não ficamos confortáveis de não agirmos para resolver nossas dissonâncias. No alinhamento com a alma, aceitamos e acolhemos nossos bloqueios e limitações, mas sustentamos o foco da mudança. Essa prática naturalmente nos move para níveis mais elevados em todos os aspectos.

Somos um universo de possibilidades a ser manifestadas, e a conexão com a alma pode acessar e manifestar parte dessa infinidade. Por que parte e não tudo? Somos a essência que não se separou da totalidade. Assim, somos tudo. Porém, quando viemos para a existência física, escolhemos manifestar uma parte dessa totalidade, que inclui potenciais, qualidades, anseios e propósitos. Nossa alma traz a vibração dessa parte. Nossa essência é única, sem princípio nem fim, sem separação com a totalidade. Entretanto, nossa alma é uma parte da totalidade que se particulariza para ser expressa. Enquanto a essência é permanente, a alma muda de existência para existência, pois podemos aprimorá-la, expressando cada vez mais a essência maior. A alma é o veículo de ancoramento da essência. É a porta através da qual o divino pode ser manifestado na Terra.

O espírito, por sua vez, é formado pelas experiências vivenciadas nesta e em outras existências. É o veículo, mutável de acordo com as vivências do cotidiano. O espírito traz o registro dos carmas e das facilidades e influencia os outros campos: emocional, mental e físico. Existem diferentes definições para esses termos. No Xamanismo, por exemplo, a essência é o grande espírito. Mas esta é apenas uma pretensa definição, segundo a psicoterapia transpessoal da essência, para facilitar o entendimento do assunto abordado.

Enfim, embora sejamos a totalidade, viemos com o propósito de expressar uma parte dela. Se hipoteticamente conseguíssemos expressar todo o potencial de nossa alma, já seríamos seres plenos, completos e iluminados. Raramente algum humano viveu essa experiência. A maior parte dos humanos está bem distante da manifestação plena de seus potenciais. Muitos estão bem inconscientes de quem são. Determinados por campos e influências externas, podem ir se afastando cada vez mais do projeto original. Os relacionamentos mais íntimos podem facilitar ou dificultar a proximidade com a própria alma, mas geralmente acontecem os dois movimentos, principalmente nos relacionamentos familiares. As pessoas que nos amam e que amamos puxam o melhor e o pior de nós.

Retornar para a própria vibração essencial é treinamento diário. Somos constantemente bombardeados por influências, principalmente por meio de comunicações inconscientes, tanto de pessoas próximas como de campos vibracionais presentes no coletivo. Muitas vezes podemos, inconscientemente, absorver energias, emoções e padrões de pensamentos que não nos pertencem e que podem nos desalinhar. Quanto mais a pessoa se encontra afastada de sua essência, mais suscetível se torna às vibrações exteriores que, ao mesmo tempo, vão contribuindo para o afastamento maior. De qualquer forma, cada qual é responsável pela manutenção de sua consciência.

Investimos muita energia no que não é realmente tão importante. Muitos papéis que desempenhamos são importantes, não só para nosso ego, mas por servirem como veículo de expressão da essência. Porém, com a morte do corpo físico, todos os papéis morrem também. O que fica é somente a expansão da consciência atingida por meio desses papéis. Nosso guia única e verdadeiramente seguro é nossa alma. Desidentificarmo-nos de nossos papéis para nos identificarmos com nossa essência é tarefa que todos nós teremos de fazer mais cedo ou mais tarde. Nossa essência é a melhor referência para todos os mundos que possamos habitar.

A identificação com a essência traz um natural sentimento de importância, que libera a busca frenética do ego para se sentir importante. Essa busca do ego é uma distorção da qualidade essencial, na qual todos somos igualmente importantes em essência. Enquanto não encontramos o sentido de sermos importantes em essência, nosso ego sempre buscará enviesadamente o reconhecimento externo. Essa busca está fadada ao fracasso, pois o sentimento de importância para o ego é insaciável. E ainda que seja encontrado em um aspecto da vida, não será em todos. O ego sempre encontra lacunas para permanecer na insatisfação. Viver com medo e na constante luta de preservar os anseios egoicos é adoecedor. O medo de não ser bom o suficiente é a doença da terceira dimensão. E só podemos abrir mão da disputa egoica seguindo pela via da essência. "Estar no mundo, mas não pertencer a ele" é a percepção de Jesus, o Cristo. Somente seguindo o ser cósmico que somos, além de todo nível pessoal, é que encontramos a redenção, a liberdade divina, conferida pelo eu transpessoal.

24

Rematrizando as Passagens da Vida

A vida é um ciclo de passagens. Nossa alma escolhe as que ela precisa realizar no tempo certo da essência. Algumas passagens são suaves ou prazerosas, outras são doloridas ou traumáticas. As passagens conduzem-nos para uma mudança vibratória. A essência escolhe as passagens que precisa realizar, porém a forma de vivenciá-las, muitas vezes, esconde-as, deixando presente na experiência o ego ou a criança ferida, tornando-as mais sofridas. O indivíduo, quando passa por uma passagem difícil, como o luto, uma doença prolongada, cirurgia, aborto, separação, acidente, mudança forçada de residência, perdas profissionais, financeiras ou afetivas, claro, a dor está presente. Porém, se essas passagens são acompanhadas pelo ser essencial, é possível encontrar o propósito. A compreensão proveniente não da máscara de serenidade, mas da capacidade de enxergar os acontecimentos de uma perspectiva holográfica, permite a não conexão com a sofreguidão.

Cada passagem difícil, muitas vezes, traz uma ferida para o ego. Essa é a bifurcação em que podemos ir além em entendimento, compreensão, autoacolhimento, sabedoria, entre outros despertares da essência divina; ou podemos fortalecer ainda mais o ego que resiste em ceder. Em cada passagem difícil, podemos fluir aceitação, tornando a circunstância mais leve ou o ego se fortalece mais ainda para combater a verdade da essência. Passagens são ciclos da vida que nos possibilitam resgates, conduzindo-nos à maior ampliação da consciência, ou reforçam a separação do ego com a essência. É uma oportunidade para um salto quântico ou para o reforço do ego.

Os reveses da vida podem flexibilizar o ego, no encontro com a humildade divina ou podem torná-lo mais rígido, defendido e separatista. A vida são ciclos; se não fluímos aceitação para a circunstância mais desafiante, podemos acumular ressentimentos e frustrações, separando-nos da vida. É uma escolha consciente reforçar a dor ou aceitar a partir da essência. Essa não é a aceitação da máscara do indiferente ou do ego espiritual. A aceitação da essência reconhece a dor e vivencia, e, mesmo não entendendo racionalmente, há a parte da alma que entende que está tudo certo.

Podemos resistir em aceitar as passagens da vida, porém estaremos constantemente nos defendendo dela, porque vida é passagem repleta de passagens. Não somos só seres sábios na compreensão da evolução. Somos seres divinos trilhando um caminho de quarta dimensão, vibrando na essência da totalidade, mas também temos nosso animal da primeira dimensão que sente raiva quando as coisas não acontecem como gostaríamos. Temos uma criança frágil, desamparada, da segunda dimensão, que se entristece, desejando que as coisas voltem a ser como eram antes. E temos um ego que luta constantemente para que tudo esteja seguro e confortável, combatendo o medo, em busca de preservação de seu mundo construído.

Os reveses da vida podem nos trazer raiva, tristeza e medo. Porém, passa a ser uma escolha a revolta, a sofreguidão e o autoabandono. Somente na esfera da essência é possível acolher essas partes. Toda sombra traz uma luz. Após acolher os sentimentos provenientes dos reveses, com o tempo, o ser pode compreender o propósito dos reveses. Todo revés traz uma passagem para outra vibração, necessária para o ser. É a essência que escolhe a mudança que deve acontecer e no tempo exato. Quando um fato envolve outras almas incluídas na mudança, a totalidade perfeita conduz cada uma delas para o processo. Em um sincronismo divino, tudo muda no tempo mais apropriado para a totalidade. O ego quase sempre teme a mudança, mas, resistindo ou não, ela sempre acontece. Interiorizar, respirar e conectar com a essência possibilita a compreensão do processo da mudança.

Toda mudança é para melhor quando se está no caminho da essência. Mesmo a mais difícil de todas, como o luto, é para a melhor composição de todos os seres envolvidos. Claro que esse melhor não é o mais confortável, nem o mais feliz, mas o necessário para os seres. Nossa essência não busca conforto ou felicidade, mas propósitos e realizações para o próprio aprimoramento e do todo.

A felicidade é consequência de um estado tranquilo de alma, que flui aceitação para as composições da vida. Quando se busca felicidade, se está em busca de prazer e euforia, mascarados de felicidade. Muitas vezes, essa busca é para fugir da essência da vida. O prazer está presente nos quatro campos da multidimensionalidade, na fisicalidade, no emocional, na mente e no espírito. O prazer é um estado natural, mas quando ele é perseguido pelo ego ou pelo aspecto voraz da criança interna, mesmo que ele aconteça, seu revés sempre está presente, o vazio. Não estou dizendo que todo prazer gera o vazio, depende de em que lugar interno ele é buscado. O prazer é combustível para a caminhada, mas deve ser fluido, não forçado. O prazer eufórico gera o revés da insatisfação, enquanto o prazer fluido traz a alegria da vida.

Felicidade e prazer são conceitos bem distorcidos. Observe que pessoas que consideramos felizes são aquelas alinhadas com a essência. E os que se sentem infelizes não estão alinhados. A vida é como a natureza com seus riachos tranquilos, belas florestas, brilho das estrelas, perfume das flores, mas também terremotos, cometas destruidores, vendavais e maremotos avassaladores. Assim é a vida, nem boa nem ruim. A mudança é intrínseca à natureza e à vida. Só nos resta aceitar e fluir com ela, saborear os momentos realizadores e prazerosos e aceitar os desafios, criados por nosso próprio inconsciente. Respirar no "bom" e no "ruim" da vida. Nossa tarefa é estar presente com o coração aberto na vibração do amor, esta que aumenta a absorção do bom da vida e acolhe-nos nos instantes desafiantes. Estar na essência é estar na vibração do amor, e desse lugar não há oposição à vida, tampouco às pessoas ou a si mesmo.

Vibrar no amor é o estado de felicidade e prazer da essência. Claro que, em nossa humanidade inconsciente, tendemos a fechar o coração e romper com o fluxo da vida diante das surpresas difíceis. O importante é retornarmos sempre que abandonamos a vida ou a nós mesmos. A consciência essencial é a única que pode nos salvar em qualquer momento da vida.

No caminho da essência, as mudanças são para a melhor configuração de nossas vidas e propósitos, e, mesmo sofrendo, muitas vezes enxergamos a luz envolvida na sombra. Quando se está fora da essência, os reveses provocados pelo próprio inconsciente também são para melhor, no sentido da oportunidade de retorno à essência. A queda do ego é sempre uma escolha inconsciente para o despertar. Quer seja por meio de doença, separação, acidente, perdas financeiras, reveses afetivos ou profissionais, a alma escolheu para que novos caminhos sejam tomados. Não há sofredores, mas processos de vida. E na quarta dimensão, a aceleração para a mudança é intensificada. Vinte anos atrás, na terceira dimensão, a vida ainda permitia estagnações, mas atualmente sentimos a mudança diária.

Viver no sossego não é paralisação, mas podemos nos permitir descansar nos braços da essência, confiando no fluxo das mudanças. Podemos resistir em aceitar as passagens da vida, porém, dessa forma, estaremos constantemente nos defendendo dela. Em cada uma das passagens, resgatamos mais recursos internos. Nas difíceis ou nas agradáveis, o resgate e o propósito sempre estão presentes.

Há passagens que podem ser, para alguns, experiências positivas e, para outros, negativas. Viajar para o exterior possibilita que a vibração daquele país ative qualidades internas latentes ou potencialize outras. É possível também resgatar questões inconscientes de experiências passadas vivenciadas naquele país. Essas experiências podem ter sido agradáveis ou dolorosas. Quando o ser escolhe conhecer um país, não está só em busca de satisfação pessoal ou egoica, mas inconscientemente está buscando a passagem para alguma forma de resgate. Algumas pessoas têm clareza do resgate; outros podem sentir que alguma coisa ficou diferente depois da viagem; e outros podem não ter aberta a percepção de si mesmo.

Quando o lugar que conhecemos foi marcado por vivências dolorosas para nós ou para nossos ancestrais, podemos ter reações físicas e emocionais. Mas isso é positivo, porque inconscientemente está se fazendo uma limpeza. Isso não acontece só na visita a países, mas a cidades ou lugares nos quais tivemos experiências em outras existências. Enfim, se a sensação é desconfortável, é importante respirar e expirar na intenção de limpar, soltar o negativo, não importando saber o que aconteceu, mas confiando no aviso da sensação, sempre mais confiável que a mente. Quando conhecemos um lugar que nos traz bem-estar, então respiramos para absorver o bom, despertando também a ressonância positiva internamente.

Conhecer novas pessoas, assim como determinados lugares, pode ser uma passagem. Algumas vêm despertar potenciais; outras, trazer resgates cármicos. Novas parcerias, casamentos, vínculos profundos são passagens que mudam a vibração. Em um casamento, a pessoa passa a ter a influência constante do parceiro ou da parceira, tendo, inclusive, a influência da ancestralidade do outro. As pessoas unem-se em quaisquer configurações porque precisam de determinadas trocas. Em um encontro, um potencializa a luz do outro para ser expandida e a sombra para ser purificada. O relacionamento não é saudável quando o negativo é mais potencializado que a essência. Nesse caso, pode ser uma passagem para resgate cármico, mas que, tornando consciente, é uma escolha continuar na dor ou sair para uma passagem mais positivamente ressonante. Os encontros trazem a experiência, que pode ser expansiva, libertadora ou decepcionante. Muitas experiências da vida são passagens positivas para um e dolorida para outros, como: casamento, separação, primeira experiência sexual, entrada na universidade, adolescência, menopausa, envelhecimento, mudança de residência, saída dos filhos de casa, entre outras.

Enfim, as passagens são oportunidades que possibilitam absorver o aprendizado e despertar potenciais. A dor causada pela desestruturação da passagem sempre é menor que a dor da paralisação. Após o recolhimento dos escombros, o ser consciente verifica que o Universo agiu com perfeição. O que o ego não pode fazer, a vida faz.

Se dependêssemos do ego para nos mover, estaríamos congelados na imobilidade. A generosidade da vida, movida pela sabedoria da alma, faz o que, muitas vezes, não conseguimos fazer. Os convites para mudança, ocasionalmente, não são elegantes. Somos surpreendidos, mas, quando conseguimos enxergar com os olhos da alma, reconhecemos que talvez alguns desmoronamentos não são tão surpreendentes assim. No fundo, a vida, muitas vezes, configura-se exatamente como a alma ansiou, mas o ego não teve coragem de escolher. Ainda bem que somos movidos por uma inteligência maior, presente em nosso campo sutil. Nosso eu superior, interligado na totalidade do Universo, protege-nos, não permitindo que aconteça o que não será bom e facilitando que o melhor para alma se manifeste.

25

Independência Emocional para o Amor Transpessoal

A realização afetiva faz-se com a completude do ser. Sermos completos não significa terminados, mas o preenchimento manifesta-se na própria construção. Para nos construirmos no anseio de darmos continuidade à criação, desafiamos partes internas estabilizadas a cada dia. Cada construção em direção à plenitude requer transpor cada face do medo. Não há crescimento sem a transposição da emoção mais fixadora nos padrões condicionantes. E integralmente ao transpormos os medos mais profundos, ou seja, os que mais nos fixaram em quem não somos – experienciando-o – mais revelamos o verdadeiro eu. O mergulho profundo no mais temível é o caminho da liberdade. Há muitas estratégias internas e externas para não enxergarmos, para ignorarmos, mas o mal nunca desaparece enquanto não o esgotamos na experiência. Por meio de disfarces e de acontecimentos aparentemente provocados pelo exterior, a dor sempre vem nos lembrar de que algo mais frágil e profundo precisa ser olhado.

A busca voraz pela felicidade ou, no mínimo, pela neutralidade, disfarçada por um estado superficial de paz, proveniente do ego espiritual, nega o profundo. O conteúdo rejeitado repetidas vezes de modo inconsciente irrompe de tempos em tempos por meio de reveses internos e, muitas vezes, em tragédias sociais, provocadas pela união de inconsciências. Enquanto fugimos dos medos, estamos provocando desordens internas e externas e limitando o avanço de nosso caminho de vida em direção à plenitude.

Somente quando nos dispomos a experimentar os medos para realizarmos os anseios, é que recompomos a inteireza original. A sensação de reconstrução legítima nos confere independência emocional. E enquanto não a alcançamos, vivemos relações parciais e amedrontadas em algum lugar dentro de nós. Sem a conquista da independência emocional, a transferência de partes internas para que o outro cuide gera um medo crônico, quase sempre inconsciente. Não há como escapar da vivência do medo; ou passamos conscientemente por ele ou vamos perpetuando a dor causada por nossas partes inseguras.

Essas partes, muitas vezes ignoradas, buscam o alívio no outro, criando relações codependentes. Estas vão minando nosso poder, autoestima e nos alienando cada vez mais de quem somos. As codependências podem dar um alívio aparente, porém a satisfação emocional é sempre parcial e inconstante, além de restringir nossos potenciais para outras realizações. Nada que é depositado no externo pode nos conferir plenitude. Para alcançarmos a realização afetiva plena, precisamos nos disponibilizar ao mergulho na noite escura da alma. Sem a vivência dos medos profundos, sem experimentar o vazio e sem honestidade emocional, não podemos ser plenos.

A passagem pela sensação do abandono mais profundo é necessária em algum momento da vida. O luto, as perdas e as separações nos propiciam essa oportunidade. Se passamos pelo buraco negro da alma sem negação, vitimização ou transferência para que algo ou alguém nos salve, a solidão vai se transformando em plenitude, e então começamos a encontrar um prazer neste lugar e assim emergimos inteiros e abertos para relações honestas e livres. O eu adulto inteiro encontra por ressonância um outro também inteiro para a experiência do amor transpessoal. O amor pessoal busca a satisfação das necessidades infantis e egoicas, sem jamais conseguir preenchê-las com o outro, enquanto o amor transpessoal não busca nada, apenas é e, assim, abastece-se do preenchimento decorrente do encontro dos seres inteiros.

26

Relacionamento e Propósito

As relações afetivas têm o propósito do despertar mútuo de determinadas qualidades. Quando acontece a apropriação do que foi despertado, o relacionamento pode terminar ou ser refeito novo contrato, inconsciente. O que se busca inconscientemente no outro é sempre um caminho para chegar a si mesmo. Se o que foi buscado no outro, por exemplo, foi a estabilidade, e a segurança interna é adquirida, então o propósito do relacionamento foi cumprido. A pessoa pode encontrar e estruturar em si o que foi buscado fora ou pode passar a vida toda em um único relacionamento, mesmo mudando os parceiros. Ainda que troque a parceria, a dinâmica da relação pode permanecer a mesma. Um relacionamento duradouro pode significar codependência, quando o outro fornece o que não é possível obter por si mesmo, ou pode ser uma parceria de almas, que renova, inconscientemente, novos contratos.

Quanto maior é a integração interna e a apropriação de quem se é, menos se precisa do outro, encontrando-se a liberdade emocional. A pessoa autonutrida de si mesma escolhe estar com o outro pela parceria e pela troca da essência, mas também pode ficar plena quando está só. Nada é mais prioritário na vida do que a própria alma. Ser para si precisa ser anterior que ser para o outro. Estar com o outro por escolha e não por necessidade traz libertação. Nesse caso, quando o relacionamento chega ao fim, não há danos emocionais, mas gratidão pelos frutos colhidos durante o período da relação.

27

Paixão – Reconstrução – Poder Com Amor

A paixão tem a função de devastar tudo para configurar em uma oitava acima o que sobrou. É oportunidade de quebrar o ego e sair do quadrado para o círculo. Anseiam ir além os que se permitem ser desconstruídos pela paixão para se reconstruírem mais verdadeiros. Não estou me referindo aos que são viciados em paixão, que abandonam a própria identidade para estarem constantemente se fundindo com o outro, pois, nesse caso, a paixão tem a função de negação do eu.

A paixão em seu estado original tem sempre o caminho de sua própria morte, deixando dor em uma das partes ou em ambas, ou o fortalecimento de um vínculo por sua transmutação. Quando o propósito de rompimento do que precisava ser rompido foi atingido pela paixão, o pulso se transforma.

A paixão vem desestabilizar a ordem e possibilita o crescimento das partes. É necessária a saída do emaranhado emocional para enxergar os frutos propiciados pela paixão. Sua natureza desconstrutora sempre deixará um aprendizado. Seu findar pode deixar raiva ou tristeza, mas permanecer em tais sentimentos é desperdiçar a oportunidade. A paixão vem do segundo triângulo, desconstrói a ordem do terceiro, estagnações e rigidez, e possibilita a ascensão para o quarto. Paralisar no drama do segundo ou no controle do terceiro é sabotar a experiência.

A paixão é a parte mais intensa da vibração do amor e, muitas vezes, está a serviço do bem maior. Assim como Cristo se apaixonou pela humanidade e aceitou o sacrifício, a paixão traz o sofrimento da desconstrução para o caminho da verdade. É como se fosse uma oferta que o ser faz, sacrificando-se por meio da dor da paixão para uma composição mais ressonante com a alma.

A paixão é patológica quando serve ao propósito de negar quem se é para não ser. A paixão é luz e cura quando serve à quebra das estagnações, paradigmas, leis e ordens impostas divergentes da verdade da alma.

Quando enxergamos apenas os escombros deixados pela devastidão, estamos limitando nosso olhar. Precisamos enxergar além da dor, o que ficou de verdadeiro. A paixão pode ir perdendo a força quando realizou seu propósito e esvair-se, deixando os participantes envolvidos com novas oportunidades e aprendizados. O fogo da paixão, quando cessa, progressivamente pode ir dando lugar a outra forma de manifestação do amor, que pode ir se transformando em amor Terra, em ambos se enxergam como cúmplices e parceiros para a construção. Que ou no qual ambos se enxergam.

Quando a paixão é rompida repentinamente, a dor pode ser devastadora, sentida como uma morte, pois, de fato, morrem muitas coisas com o luto da paixão. Nunca mais se é o mesmo depois dessa experiência. Algumas pessoas encontram a paixão para realizarem a passagem para a essência. O ego ferido e devastado pós-paixão pode render-se ao fluxo divino, reconstruindo toda vida a partir de novos paradigmas. A experiência da solitude vivenciada nesse período pode ser um momento muito enriquecedor para a existência.

Entretanto, para outros, diante do luto da paixão, o ego massacrado pode se reforçar, tornando-se ainda mais rígido e inflexível, redobrando as muralhas, trancando o coração com chaves enterradas nas profundezas da escuridão de uma dor que pretende nunca mais ser olhada. Essa parte esquecida vai apodrecendo, trazendo amarguras e doenças, enquanto o indivíduo acredita que está no controle.

Nesse processo de trancamento do centro cardíaco, grande parte da criança foi sepultada também. Podem ser sufocados seus aspectos mais divinos presentes na criança inocente, tais como: alegria, espontaneidade, criatividade, pureza, entre outros atributos. Assim, a existência vai perdendo o colorido e o rompimento com a beleza da vida vai trazendo prejuízos para si e para o todo.

Infelizmente, muitos escolhem o reforço das máscaras e a paralisação no quadrado diante da dor da paixão. Nesse caso, o impulso divino intenso do amor, que tinha a função original de crescimento, fracassa a missão. O que é um relacionamento que deu certo? De modo algum é aquele duradouro, porém estagnado. O sucesso ou o fracasso de uma relação não está em sua durabilidade, mas no crescimento que ele possibilita enquanto existe e após seu término. O relacionamento pode perdurar pela paralisação das partes na codependência ou porque o crescimento está acontecendo para ambos. Relacionamentos de dias podem ter trazido muito mais benefícios e evolução para o indivíduo e para o planeta do que relacionamentos de anos paralisados na patologia. Estes, além de não beneficiarem as partes, ainda trazem prejuízos para a Terra, pois todo mal individual reverbera na totalidade, assim como todo bem. Quando um relacionamento cumpriu seu propósito e as partes, por medo, insegurança ou apego, permanecem segurando o que está se deteriorando, elas começam a se deteriorar também. A parte que se apegou vai perdendo energia e desalinhando a totalidade interna e externa. Se não aceitamos os términos, querendo controlar ou impondo a vontade do ego, então rompemos com o fluxo da vida, saindo do circuito natural. E quando isso acontece, entramos em oposição à vida, causando-nos dor. Somente a conexão com a alma pode revelar o caminho dos relacionamentos.

Quando um relacionamento termina, também é possível que seja feito um novo contrato sagrado, dando continuidade ao relacionamento em outro formato. Podem existir vários casamentos dentro do mesmo casamento. Somente a alma pode revelar se o relacionamento encerrou ou se pode continuar sendo manifestado em nova configuração. O novo contrato pode ser a continuidade da relação como casal ou uma amizade. Enquanto há ressonância, é possível os seres continuarem em algum papel a caminhar juntos. O importante não é se o que estamos vivendo nos traz bem-estar ou dor. Se estamos vivendo a paixão, um relacionamento duradouro, uma separação ou qualquer outra forma de relação, o importante é estarmos em crescimento com o que quer que esteja sendo manifestado em nossa realidade concreta. Para a alma, o importante não é o bem-estar, mas o propósito. Todas as etapas de um relacionamento são oportunidades de crescimento. E muitas vezes, a maior oportunidade, que é estar sem alguém, pode ser pouco explorada e tampouco valorizada.

A solitude é uma etapa fundamental para a realização afetiva. O ser pode escolher estar só, sentindo-se vazio e separado, ou pode optar pela parceria com a própria alma. Nesse caso, o indivíduo não está criando solidão, mas solitude. Esse estado é estar pleno consigo mesmo, na parceria do ego com a alma, sustentando um autoamor e autoapoios incondicionais. Todos nós precisamos passar por essa experiência em algum momento. Ainda que a pessoa esteja em um relacionamento de anos, em alguns momentos é muito enriquecedor e saudável experimentar a solitude. Esse estado corresponde à carta do Eremita no tarô. A cada nove anos, todos nós entramos nessa vibração. Para alguns é sentido apenas como um período de perdas e tristeza, mas para outros é uma oportunidade de resgatar um amor próprio mais profundo, consistente e inabalável.

Precisamos vivenciar o arquétipo do eremita para nos tornarmos inteiros e autoparceiros. Se ficamos evitando a experiência, sempre estaremos depositando o apoio no externo, criando, assim, codependências que nos tornam reféns e cada vez mais afastados de nós mesmos. Não existe realização afetiva completa sem o aprendizado do arquétipo do eremita. A solidão traz tristeza porque o indivíduo está separado de si mesmo, então a separação do outro é sentida como um estado de abandono. Porém, ter internalizado a experiência da solitude traz uma parceria interna e um amor incondicional por si mesmo, que permite o estado de inteireza e de autopreenchimento, independentemente de qualquer configuração externa. Em qualquer fase do relacionamento, ou estando sem relacionamento íntimo, o ser parceiro da própria alma está feliz porque está completo de si mesmo. Isso é liberdade para libertação. É a essência no comando, sem o medo crônico do que o externo irá manifestar. Quem viveu a solitude nunca mais se torna refém de algo ou alguém e conquista a independência emocional. O coração está aberto para amar livremente não só o parceiro, mas todos os seres, em estado de comunhão com as plantas, animais, cores, contemplando a beleza em tudo que existe. O ser não se sente mais só porque está com o todo. A solitude experimentada com toda profundidade e integridade possibilita o acesso à quinta dimensão. Muda-se o olhar para o mundo e para os humanos. Todas as áreas da vida passam a ser transformadas diante dos novos paradigmas e não fica pedra sobre pedra sem ser revisada a partir de um novo lugar interno mais verdadeiro.

O luto da paixão é uma porta que possibilita lançar o indivíduo para a experiência reconstrutora da solitude. Após realizar a passagem pela vivência profunda do estar consigo mesmo, o ser pode experimentar profunda gratidão pela história. Toda dor vivida na separação não terá nenhuma importância diante da perspectiva maior. O propósito mais elevado conduz o ser a enxergar o sofrimento passado com acolhimento e gratidão. Refiro-me nesse texto não somente ao luto da paixão afetiva, mas a todo findar da experiência em que investimos nossa energia. O fim de tudo em que depositamos a paixão é um cenário preparado pela alma, em comunhão com o Universo, para o autorresgate. Quer seja uma amizade, um trabalho, uma moradia, uma composição familiar, tudo em que investimos paixão ou amor e se finda é convite da vida para maior unificação do eu humano com o eu divino.

O importante é não se congelar no quadrado por medo de sofrer. Nada pode ser mais sofrido do que evitar as experiências que a alma anseia passar. Não viver o amor plenamente por medo de sofrer ou permanecer apegado a um relacionamento que findou por medo da solidão é violentar a alma e opor-se ao fluxo da vida. O medo de viver um relacionamento pode levar a mente a interpretar o que vem do outro como negativo, como forma de proteção. Claro que não são todas as paixões que precisam ser concretizadas na fisicalidade. Não é o coração, tampouco o corpo que direciona com verdade, mas a alma. Somente a partir dela é que podemos fazer escolhas verdadeiras. As escolhas da alma não nos livram da vivência da dor. Mesmo as escolhas mais conscientes podem nos trazer dor. A constatação de que uma experiência foi escolhida a partir da verdade da essência não está em se houve dor, alegrias, tampouco sucesso ou fracasso. A experiência verdadeira é aquela que nos traz crescimento.

O sucesso está medido na possibilidade evolutiva da experiência. O fracasso é o apego à dor, é o reforço à máscara da separatividade, é permanecer com o olhar negativo sobre os envolvidos em um final de relacionamento, é blindar mais o coração para não correr mais riscos, é fortalecer argumentos racionais para o fechamento, enfim, é escolher a posição de vítima. O sucesso é honrar todas as experiências e ter gratidão profunda por todos os seres que nos trouxeram dor e amor. Nunca existe experiência somente de dor sem uma pontinha de amor, e nenhum relacionamento profundo traz somente alegrias sem ajustes que nos causam dor. Toda luz tem sombra e toda sombra tem luz. Avaliar as experiências pela ótica dicotômica do ego, que separa entre bom e ruim, é empobrecer a existência. Para o propósito maior não existe essa cisão. Tudo e todos são luz e sombra. Assim, as experiências são completas quando vivemos plenamente o "bom" e aprendemos com o não "bom".

Não existe nenhum controle sobre as experiências que vivemos com o outro. Podemos contar somente com nosso campo de energia. Enquanto o ego busca o controle sobre o outro para evitar a dor, a essência apropria-se de seu poder pessoal para abrir o coração. O ego tenta controlar e o controle fecha o coração e obstrui o fluxo da experiência. O poder da essência não tenta dominar, apenas é uma proteção natural. Quando se está apropriado do campo de poder, o coração pode se abrir, porque o ser empoderado tem recurso interno para lidar com qualquer demanda que venha do outro. Não é atribuído ao outro o poder de fazer bem ou mal a si, mas, sim, uma responsabilidade própria. O controle é uma distorção do poder e sempre encontra a frustração, pois absolutamente ninguém e nenhuma experiência podem ser controlados. O amor só pode ser sustentado se estiver alicerçado no poder. O controle ou a entrega do poder ao outro impede a experiência da abertura afetiva com inteireza. A experiência íntegra e inteira do amor, sem se perder no outro ou sem intencionar a dominação, é possível quando a autoestima está presente. O amor por si mesmo é que constrói um campo de poder pessoal. Essa construção traz liberdade emocional. O autoamor traz liberdade de escolha para viver quaisquer experiências que o ser deseja ou precisa viver. Enquanto o controle busca o aparente seguro, o poder busca a realização. O ser inteiro tem autonomia para viver. O ser autônomo emocionalmente não é definido pelo outro, mas pela própria essência. Além disso, o que vem do outro para nós, enxergando de uma perspectiva holográfica, é o melhor para o nosso crescimento. A interferência do outro em nossa vida acontece a partir de uma permissão inconsciente que concedemos, para que aconteça a experiência que nossa alma precisa viver. Uma das partes pode protagonizar, mas tudo que acontece em um relacionamento é inconscientemente escolhido por ambas as partes. Nada é unilateral em uma relação. O que vem do outro pode ser puxado por nossa distorção emocional, perpetuando determinada dor, ou por nossa essência, trazendo conforto e satisfação. Ambas as experiências servem a um crescimento maior. Somos sempre responsáveis por nós mesmos, quer seja em nível consciente ou inconsciente. Se todas as experiências servem ao crescimento, então está tudo certo na divina perfeição.

28

Integração Divino e Humano

Enquanto a alma está sempre completa, o eu humano está sempre incompleto. Nossa parte humana sempre vai desejar mais e mais. Além disso, na trajetória humana cada fase tem seus desafios. A idealização humana jamais atingida é a resolução de todos os obstáculos. O anseio do paraíso perdido nunca poderá ser saciado na dimensão do nosso eu humano. Assim, a insatisfação crônica pode ser um estado presente na maior parte das pessoas. Passar uma vida inteira esperando pelo momento ideal, onde tudo estará resolvido, é armadilha perfeita armada pela inocência egoica. Desafios sempre vão existir porque o desenvolvimento é inerente à própria vida. Uma vida de muitos desafios pode não ser traduzida em uma vida difícil. A ótica que enxergarmos a vida é que define a classificação de nos considerarmos seres felizes ou infelizes. Uma vida em busca da realização dos propósitos é uma vida de desafios.

Assim, sempre estaremos incompletos na dimensão humana, porque a resolução completa almejada pelo ego é inatingível. O caminho para a completude na dimensão humana é a integração com a alma, que já é completa. O sentimento de inteireza e satisfação sustentável acontece quando vivemos a experiência humana a partir da consciência da alma e não da limitação da mente. O ancoramento da parceria alma-humano nos confere preenchimento onde há falta. A não completude na realidade externa não se traduz como falta quando estamos plenos em nossa totalidade. Não importa como a realidade se apresenta, mas como nos apresentamos diante da realidade. A experiência é mais importante que os fatos. Fatores externos não definem nossa completude. Somos completos e felizes quando somos quem somos em todas as dimensões que podemos ser. O melhor que podemos ser é ser. Se conseguirmos não atrapalhar, com o enviesamento egoico, o desenrolar fluido da essência em nosso humano, então nos aproximamos da completude. Para nos conectarmos com o ser natural que somos, precisamos treinar momentos de ser. Esses instantes podem ser encontrados na meditação, na conexão com a natureza ou com as artes, na troca amorosa com as pessoas, enfim, cada qual encontra sua forma de silenciar a mente e ficar por alguns instantes na plenitude de quem se é. Praticar ser, além de nos deixar mais completos e felizes, também cria, por ressonância, na realidade externa, mais situações para sermos quem somos. Felicidade cria felicidade. Assim como apego ao problema cria problema.

Não resolvemos nossos problemas a partir dos problemas, mas nos retirando para outro lugar, além da dimensão que criou o problema. Praticar a dimensão do ser possibilita que os problemas se resolvam naturalmente. Nossa mente humana limitada não tem competência para resolver muitas questões, mas a sabedoria da alma em comunhão com o Universo traz a solução perfeita naturalmente sem que pudéssemos imaginar. Os desafios mais significativos da vida não podem ser transpostos pela mente ou por algum tipo de esforço. Querer resolver forçosamente questões com a força do ego pode aumentar ainda mais o emaranhado. Quem toma conta da nossa vida está longe de ser nosso controle racional.

A preocupação e o controle são tolos perto da grandiosidade da vida. Não determinam nada porque tudo é ressonância. O que atraímos é resultado da vibração ressonante, quer seja uma ressonância mais positiva ou negativa, é proveniente de nossa criação energética. O esforço para que algo aconteça é mínimo perto da força da ressonância. A natureza não faz esforço algum, mas move-se somente pela força do ser. Nada é mais forte que o poder da ressonância. Só temos de ser presentes na vida em inteireza e verdade. Dessa forma, o empenho é natural para a concretização do foco ressonante. É aparentemente paradoxal: se tudo é ressonante, então, iremos de qualquer forma atrair o que está ressonante para acontecer, mas também muitas situações requerem empenho. Ressonância + Empenho = Realização. São ambos os aspectos que participam da concretização. Somos criadores a partir da alma, que em integração com O universo traz a ressonância, mas também somos humanos e no nível humano há a necessidade do empenho. A alma cria e o humano age. Se ficar excessivamente identificado com a alma sem ação, então, o propósito se torna comprometido, porque nesse caso não há realização completa dos anseios da alma. Se ficar excessivamente identificado com o humano, pode haver muitas ações, sem a realização do que realmente importa.

A perfeição divina na Terra é alma no comando e ego humano como um soldado, fiel servidor. O humano pode passar vidas e vidas, nascendo e morrendo na busca da plena gratificação pessoal, jamais atingida. A total gratificação do eu pessoal só pode ser vivenciada quando esta não tem mais importância. O eu humano só encontra a felicidade quando, apropriando-se de sua natureza divina, torna-se supra-humano. O ser se realiza quando o que deseja que aconteça perde a importância. Paradoxalmente, é nesse descanso do querer que há maior possibilidade de concretização.

O querer desenfreado cessa diante da consciência da verdade essencial. Mas essa rendição acontece naturalmente. O eu pessoal sempre vai querer, é de sua natureza. É legítimo querer. A repressão do humano em nome da ascensão espiritual é apenas atrasar um pouco mais o processo. É colocar uma máscara em cima da máscara. Muitos que escolhem a trajetória espiritual caem nessa falácia.

Quase todas as religiões sustentam-se nessa base da repressão ou da negação. As pessoas experimentam instantes de felicidade nesses caminhos espirituais, decorrente da conexão com o divino. Porém, problemas de ordem pessoal continuam acontecendo. O indivíduo pode sentir-se fragmentado, sendo um quando está com Deus e outro quando está no mundo. Sentimentos constantes de raiva, irritação, abandono, ciúmes, medo, entre outros, indicam que a desintegração está presente. Algumas vezes, o indivíduo está tão identificado com o ego espiritual que não está sentindo perturbação alguma com problemas financeiros, profissionais, afetivos, entre outros. O indivíduo acredita que se iluminou, transcendeu a vida pessoal. Ingênuo engano, pois a máscara da indiferença só está camuflando algo que precisará ser cuidado mais cedo ou mais tarde. A negação está longe de ser a transcendência. Ignorar a vida na fisicalidade traz prejuízo para o todo porque cria codependência. O não cuidado com o corpo traz doença física, então alguém vai ter que cuidar. Desdenhar a vida financeira traz privação, possivelmente alguém vai ter de prover. A indiferença afetiva está privando alguém do amor. Qualquer dor provocada em si mesmo traz algum tipo de dor para outro alguém, além de contribuir para o campo de dor da Terra. Não existe "se eu fizer mal a mim, será só a mim". O eu individual não é nada perto do eu todo.

Então, negar nosso humano, que consiste em corpo físico, criança interna e ego, é tomar atalho. Não é nem negar nem supervalorizar. Ambas as posições prejudicam o eu e a totalidade. Dar tudo que o corpo quer ou que a criança ou o ego querem, supervalorizando os apelos do humano, traz descompensação e frustração.

O problema não está no desejo, mas na ilusão do preenchimento proveniente de sua realização. Se o humano quer, ok, "dai a Cesar o que é de Cesar". Podemos legitimar o querer do corpo, do ego, da criança interna, de todo o nível humano. Porém, esperar que estaremos completos com a realização de todos os desejos é ilusão que nos prende na própria escravidão e alimenta uma sociedade patológica. A economia que dita as regras de uma civilização em dor sobrevive dessa ilusão básica. A ilusão de que algo externo trará felicidade cria a sociedade de consumo, disputa e separatividade. Nada que satisfaça o humano pode enraizar felicidade. A espera do preenchimento faz com que se viva sempre fora do tempo presente, alimentando a necessidade de criação de mais falsas necessidades. Consequentemente, recriando mais medo e separação.

Tudo que estamos esperando acontecer é armadilha perfeita para frustração. Desejo alcançado sempre é seguido de outro desejo criado, porque essa é a natureza humana. A espera é sempre uma forma de ausência. Não temos de esperar nada, somente viver. Criar focos para as realizações humanas e divinas é necessário. Podemos ter foco, mas não ser o foco. Agir a partir do comando mais próximo da verdade, sem pressa ou expectativa, permanecendo no tempo presente, é o que podemos fazer por nós e pelo todo. Se nos rendemos a não comandar, então o divino se faz presente e tudo se ajusta na melhor configuração possível. Não temos amplitude para o melhor desenho de nosso futuro. Quanto já investimos energia em desfechos que esperávamos que nunca aconteceram. O Universo desenha muito melhor que nossa mente. Os pensamentos limitantes, além de contaminarem o campo físico e emocional, ainda bloqueiam o canal de recepção. Pensamentos sobre o futuro quase sempre trazem frustração, porque, ainda que o Universo traga a melhor configuração, nosso ego pode se apegar ao nosso planejamento. Quando pensamos no futuro também podemos vibrar no medo ou na ilusão. (Medo de não acontecer ou ilusão de que não acontecerá como planejamos). Quanta energia já perdemos no controle. O ego não está desatualizado em querer controlar, afinal, a função dele é nos proteger. Porém, para quase todas as pessoas, ele está desinformado. O ego é desenvolvido na infância para proteger nossa criança e para nos estruturarmos na vida. Quando a vida pessoal já criou a estrutura básica, ele precisa ser reprogramado.

    O que ocorre para muitos buscadores espirituais é querer transpor o ego sem nem ter chegado a ele. Claro que o mínimo de estrutura egoica todos que chegaram até a vida adulta têm. Porém, muitas vezes o ego foi se enfraquecendo diante dos traumas e medos, quase sempre inconscientes, a ponto de uma não sustentação de uma estrutura na vida. Para quase todas as pessoas, realizar os propósitos mais elevados da essência só é possível com a vida básica estruturada. Disse quase todas porque há exceções, há seres que vieram para vibrar pela humanidade e não precisam de estrutura na fisicalidade. No Oriente há muitos com esse propósito. Porém, para a maioria de nós mortais, precisamos da formação de um ego forte para realizar os planos divinos. Um ego forte se traduz em força emocional, persistência, vontade inabalável... Assim, para ser um servidor da luz não é necessário um ego forte para resistir aos apelos de desvio? O ego fraco é facilmente seduzido pela sombra ou pela ilusão.

O ego forte é capaz de manter a fidelidade a si mesmo diante da força contrária do social. Atenção: enquanto o Universo sempre conspira a favor, o social, muitas vezes, conspira contra. O social que está aí foi formado por nossa parte humana, assim, não vibra no divino. Estamos construindo uma sociedade integrada com a luz. Chegará um tempo em que a civilização estará manifestando seu projeto original, que já acontece no plano astral. Em algum lugar dos universos há uma Terra perfeita. Depende de nossa contribuição se esse plano levará um dia ou milhões de anos para se tornar concreto. Cada instante que vibramos na luz, com amor, compaixão, compreensão, altruísmo, amizade, lealdade, carinho, acolhimento, estamos colaborando para a unificação do ideal divino com o "real". Experiências de separatividade, julgamentos, desamor, intolerância, impaciência, agressão são contribuições para seu atraso.

O ego naturalmente separa, porque a experiência humana é de separação, já que fomos separados da fonte. Somos humanos separados e limitados, porém qualquer atitude, sentimento ou pensamento de luz nos reunifica e elimina a ilusão da separação. Assim, podemos, mesmo na experiência física de separação, estar na unidade, revivendo ser um com Deus. Esse é o único estado de felicidade absoluta e inabalável. Não há nada nem ninguém que nos tire desse lugar ou que possa nos colocar nele. Todo o tempo é momento que estamos escolhendo unificação ou separação. A todo instante estamos escolhendo felicidade ou dor. Não escolher com consciência também é uma escolha.

Interessante, a primeira lei da Kabalah é não julgar; a segunda, amar; e a terceira, compartilhar. Vamos entender, além dos desvios de tradução, que não julgar quer dizer não separar. O julgamento é estar separado do outro. O amor vem em segundo lugar porque, se há separação, não há sustentação do amor. Na separatividade há distorções do amor, como a posse. Muito do que se diz amor é distorção do amor. O amor, por sua natureza, nunca termina em si mesmo, sempre pede complemento. Deus nos criou porque é amor e amor é compartilhar. O ápice do amor é Deus, que deu a luz a si mesmo, fragmentando-se para que as partes separadas, autoconscientes, pudessem experimentar a existência; a fim de unificarem-se novamente.

Quando há unificação, há amor, e onde há amor, há compartilhamento. Unificar – amar – compartilhar, ótima sugestão da Kabalah para a felicidade e para nossa contribuição para a manifestação do plano divino.

O ego é o veículo humano que está a serviço do eu divino para o propósito da unificação. Se o ser não der a ordem para um propósito maior, ele ordenará a si mesmo, perpetuando separação. O problema não é o ego, como muitas linhas espiritualistas acreditam, mas a programação do ego. O ego persistente e resistente pode ser um ótimo soldado para a estruturação e sustentação dos propósitos da essência. O ego precisa saber que, agora, esse eu adulto que está vivendo neste planeta, em que a quinta dimensão está se ancorando, precisa ser um defensor da alma e da luz. O ego deve ser forte para fazer escolhas coerentes com as demandas da essência. Podemos dar uma ordem ao nosso eu humano para que nosso eu total se torne luz coerente. Muitos conflitos que os buscadores da luz estão vivenciando é porque estamos vivendo em uma frequência da quinta dimensão com um programa mental da terceira.

Seguem algumas sugestões de comandos básicos para atualização de nosso programa:

• A criança interna não precisa ser protegida pelo outro, porque já está amparada pela essência. Soltar nosso humano nos braços de nossa alma. Quando abrimos o coração, nossa criança se alegra e essa qualidade é sua proteção. Fechar o coração para não sofrer é criar um campo de ressonância que possivelmente atrairá sofrimento.

• Não é necessário questionar, investigar pessoas e situações que estamos atraindo, mas confiar no fluxo de nossa essência, que traz a experiência perfeita. A segurança e a proteção estão dentro, não fora. A segurança não está na estabilidade que não existe, mas no alinhamento com o fluxo.

• Não é o trabalho duro que traz a prosperidade, mas a integração do divino com o humano, fluindo com a vida.

• Crenças populares como: Não se pode ser feliz em tudo. É justamente o contrário, ser feliz é um estado, então não existe separação, tampouco limitação para a felicidade.

• Crença popular: O que mãe fala, é. A mãe que estiver mais ressonante com a essência do que com o ego vai captar e expressar informações pertinentes. Porém, nem mãe, nem pai, nem líder espiritual, nem a pessoa que mais estimamos, nenhum clarividente, ninguém tem a verdade absoluta sobre nós. Verdade absoluta encontra-se somente em nossa sede da alma. O acesso total é exclusivo do próprio eu. Vamos ficar com a essência dos pais, pensamentos, checados para a conferência com a verdade de nossa alma.

• Relacionamentos da terceira dimensão são carregados de desconfiança porque a função do ego é desconfiar para se defender. Relacionar-se com as pessoas em uma frequência de quinta dimensão é confiar na alma.

• O que é verdadeiro, o Universo conspira para acontecer, e o que não for para o nosso bem maior e, consequentemente, para o bem do todo, o Universo protege para que não aconteça. O ego não controla nenhum acontecimento, cabe a ele apenas empenhar-se quando a alma direcionar e ceder quando não couber esforço a determinadas situações. Assim, o ego deixa de sentir-se impotente para sentir-se entregue.

• Tudo é cíclico. A vida é ressonância, dissonância e impermanência. Atraímos situações pela atração ressonante e nos afastamos das situações quando estas não são mais ressonantes. A ressonância une e a dissonância separa. Tudo se movimenta; portanto, o ego não consegue encontrar segurança alguma em absolutamente nada do externo. O ego precisa confiar que a alma sempre atrairá e afastará o necessário.

• O ego não precisa esforçar-se para evitar a dor. A ressonância da essência costuma não atrair situações dolorosas. Mas se por carma ou experiência necessária para a alma ocorre a atração de uma situação dolorosa, o humano amparado pelo divino não faz a leitura de tragédia. A dor separada do drama tem o poder da conexão com a honra do ser. Ir além do paradigma da vítima possibilita a transcendência da dor. Consequentemente, não vibrar na dor afasta a situação que a provoca, dissipando-a. Uma dor profunda sem paralisação na sofreguidão pode trazer uma autoestima inabalável.

• O ego pode sustentar o querer sem negociar para menos do que deseja por achar que não consegue. Mas, ao mesmo tempo, ceder e recuar quando as portas se fecham para o desejado. Fluir aceitação e apreciação atrai ressonâncias positivas, enquanto a reclamação atrai as negativas.

• A melhor escolha afetiva é a mais ressonante com a alma. A psicologia afirma que repetimos a cena dos pais na escolha da parceria afetiva. Porém, esse conceito se aplica quando estamos mais identificados com o que cercou a nossa criação. Quando nos desidentificarmos do campo familiar e social, saindo do nível pessoal para o transpessoal em direção à verdade da essência, então nos separamos da escolha afetiva repetida, para atrairmos a parceria mais ressonante com o ser essencial.

• A realização afetiva não depende do que o outro possa oferecer, mas do quanto posso me preencher com minha própria ressonância. Estar inteiro em si mesmo possibilita criar relações de liberdade e não codependência. Na dependência do externo, sempre há frustração e cobrança.

Enfim, há muitas atualizações que podemos fazer dia a dia em nosso programa mental para que o ego possa melhor nos servir e não atrapalhar. Vamos respirar e continuar completando a lista.

A quarta/quinta dimensão desafia a mente para novas construções além da fixação. Há a verdade absoluta que vem da integridade da alma. Nesse lugar existe a verdade imutável. Além desse ponto tudo mais é mutável, relativo e contextual. A mente de uma pessoa que está ressoando com o padrão vibratório além da terceira dimensão não consegue mais mover-se a partir de conceitos fixos. A mudança de perspectiva mental é bem angustiante, pois o ego busca formas fixas, sem conseguir mais encaixá-las. Não há rotulações para descrever a si mesmo, as pessoas, as relações, o funcionamento das coisas... A mente procura encaixes para apaziguar a angústia provocada pela ausência das formas. A busca por definições e estabilizações só aumentam o desconforto, pois ela está fadada ao fracasso. Não é possível integrar um campo vibratório de quinta dimensão com a mente da terceira. A mente e o corpo físico são formas mais densas, portanto são os últimos a ser transformados.

O indivíduo que realiza a travessia para a nova dimensão quase sempre passa pelo conflito provocado pela dissonância entre a mente e os outros aspectos do ser. O campo transforma-se antes que se possa ter conhecimento consciente da transformação ocorrida. Após o reconhecimento, a mente ainda costuma resistir a acompanhar a transformação. O caminho para a liberação da fixação mental para novos formatos de processamentos, crenças e pensamentos é a profunda conexão com a própria alma.

29

Ser Confiável para Si Mesmo – Escolhas

Quando seguimos a verdade da alma, criamos uma parceria interna de confiança que possibilita fortalecermos uma autoconfiança e autoestima inabaláveis. Confiar em si mesmo é confiar na alma integrada com nossa humanidade. Tornar-se confiável para si mesmo possibilita a apropriação de uma felicidade intacta. A construção desse lugar interno requer a transposição de crenças que não ressoam com a verdade do ser, negar atendimento às demandas externas contrárias à essência é uma auto-observação constante. Perguntar-se quem dentro de mim está realizando as pequenas escolhas da vida cotidiana e constantemente. Por todos os nossos dias na realidade física temos esse chamado da alma a ser atendido. O que verdadeiramente escolho agora? Não há espaço para o "tanto faz", negação, fuga ou racionalizações.

Tornar-se confiável para si mesmo é a única possibilidade da criação de uma felicidade livre de quaisquer eventos externos. É quebrar todos os paradigmas de vitimização, tornando nosso eu humano como uma criança entregue aos braços de nossa alma. Quando nossa identidade egoica se torna mais próxima possível de nossa identidade espiritual, então estamos em paz e nada nem ninguém pode nos tirar desse lugar. Somos animais sensoriais e límbicos, assim, claro que vamos nos abalar, sofrer, chorar, porém, por maior que seja o caos, o próprio campo se reorganiza para retornarmos à casa. Sofrimentos físicos, emocionais ou mentais são passageiros;

logo, a alma não permite a permanência de nossa consciência fora do lugar. A unificação do ser com o existir, da realidade da alma com a realidade concreta se faz com escolhas pela verdade.

    Unificamos o ser essencial com o ser existencial quando integramos a alma e o ego. Para quase todas as pessoas, o humano e o divino estão separados. Qualquer um desses aspectos esquecidos cria alguma forma de tristeza e dor. Se focamos na alma e menosprezamos nossa parte humana, esta se ressente, assim podemos ser tomados por uma depressão, proveniente da sensação de abandono inconsciente. Nossa parte humana inclui nossa criança e nosso ego. É preciso olhar diariamente para essa criança e perguntar o que te fará feliz hoje. Não são todos os desejos desta que poderão ser atendidos, porém, ela precisa ser reconhecida e ouvida. Caso ela não possa ser atendida, podemos confortá-la dizendo em que momento poderemos atendê-la. Podemos ouvi-la e atender à sua demanda ou podemos negociar quando poderemos supri-la e cumprir com o que nos comprometemos.

    Não cumprir com o que pretendemos dar à nossa parte humana, tanto ao ego quanto à criança, nos entristece, sem percebermos que a origem da tristeza está no abandono de nós mesmos. Do mesmo modo que, se os pais prometem algo para criança e não cumprem, cria-se nesta ressentimento e desconfiança, também fazemos isso com nós mesmos.

    O padrão alimentar pode revelar bem sobre a relação com nossa parte humana. A compulsão alimentar provém do comando da criança, que se traduz em um descuido da parte humana. A rigidez alimentar pode mostrar uma criança alienada, esquecida. A forma de se lidar com a parte financeira também mostra nossa forma de se relacionar com nosso humano. Se há falta financeira é porque nossa parte humana não está sendo reconhecida. Muitas vezes, a restrição econômica provém de um desprezo inconsciente pelo material. Desprezar o aspecto material da vida é desprezar o humano, portanto, é uma forma de autoabandono. Orgulhar-se de desprezar o material é colocar uma máscara em cima da máscara. A tirania da alma sobre o humano está longe de ser evolução espiritual. O excesso de abastecimento material, desperdícios e leviandade com o aspecto financeiro é a tirania do humano sobre a alma. Nosso ser é completo com o caminho do meio. Ter o suficiente para atender não somente nossas necessidades básicas do primeiro triângulo, mas também para o abastecimento de nossos outros triângulos, é atender nosso eu humano. Ter abastecimento material para o prazer, para fazer cursos que o ser anseia, para viajar para lugares que expandirão nosso campo, podendo inclusive trazer partes de nossa alma de volta, para habitar em um lugar confortável para a essência, para nossa criança se divertir e se alegrar, é o que merecemos. O Universo não nos nega, mas flui abundantemente apoio para o suprimento legítimo.

Honrar a alma e a humanidade é a integração feliz. Se desprezamos nosso humano, também o fazemos com o resto da humanidade. Quase todos possuem uma visão negativa dos seres humanos. Se honrarmos o humano em nós, poderemos mais facilmente reconhecer a essência dos humanos, pois estaremos saindo da defesa. Fluímos amor legítimo aos seres humanos quando nossa alma e nosso humano estão em paz dentro de nós. Quando nossa parte humana é vista e acolhida, também não ficamos na carência. Quem tem carências? Toda carência de todos os níveis encontra-se em nossa parte humana. Pois nossa alma não tem carência, está plena e completa na totalidade. Assim, preencher nosso humano e permanecer na conexão com a alma é criar autoamor. Nutridos em nosso próprio amor, podemos transbordar aos outros.

Se atendemos excessivamente a nós mesmos, negando o outro, pode ser um sinal de que nosso humano esteja tiranizando nossa alma; porém, se atendemos ao outro em detrimento de nós mesmos, estamos esquecendo nosso humano. Nossa felicidade na Terra só é completa quando todas as nossas partes estão sendo reconhecidas e supridas. E a vontade da totalidade é nossa completa felicidade. Como somos aqui na terra, também seremos em outro plano. Quando morremos, vamos para a egrégora afinada com nossa ressonância. A morte do corpo físico não muda em nada a ressonância. Sim, é completo autoengano o suicídio. A vantagem de estar em um corpo físico é que podemos agir e mudar. Quando morremos, assistimos a tudo sem poder modificar. Que graça divina estarmos encarnados com o livre-arbítrio para criarmos o bem para nós mesmos e consequentemente para o todo.

A integração da alma com o humano cria confiança, enquanto o desprezo a alguma dessas esferas cria o padrão da desconfiança. Se somos confiáveis para nós mesmos, também confiamos no outro. E se confiamos no outro, atraímos pessoas confiáveis. Se traímos a nós mesmos, então somos desconfiados e atraímos pessoas que farão conosco o mesmo que fazemos a nós mesmos. Se prometemos a nós mesmos e não cumprimos, também atrairemos pessoas que não cumprirão com suas palavras. A maior parte dos conflitos de relacionamentos são provenientes da desconfiança. A questão não é confiarmos no outro. Os egos não são confiáveis. Confiar no ego do outro é ingenuidade. Em quem podemos confiar? Há somente uma resposta certa e eterna, em nossa alma. Somente aí está a verdade absoluta. Não podemos tomar como verdade nada que venha do externo sem consultar nosso eu verdadeiro. Nossa alma está conectada com a totalidade e sabe da verdade. Se quero saber quem é o outro, então olho para dentro de mim e pergunto. Se eu ficar olhando as manifestações do outro, raciocinando, investigando, então estarei criando uma relação de ego para ego. Se focarmos no que a mente diz sobre o outro, então estarei perdendo o seu melhor. Não servimos a dois senhores. Se damos energia ao ego, perdemos a essência. Relações egoicas são vazias e desnutridas. O sucesso das relações não está em sua durabilidade, mas no quanto a alma pode ser participativa. Relações preenchedoras são aquelas em que podemos enxergar o outro a partir do olhar para a nossa própria alma. Se ouvimos nossa alma, então poderemos ouvir a alma do outro.

Mesmo que todos digam o oposto do que intuímos, precisamos sustentar nossa verdade. Mesmo que as aparências, os fatos externos, a mente ou tudo e todos digam o oposto, seremos íntegros se sustentarmos nossa verdade. Quase todos cedem à opinião da mente ou do externo, principalmente quando esta é proveniente do campo familiar ou de uma autoridade espiritual. Sair da codependência, seguindo a própria verdade, é se tornar inteiro e íntegro. Integridade não é seguir leis ou regras, mas é ser seu próprio legislador.

Ser confiável para si mesmo é também estar no tempo presente. Estar aqui e agora em inteireza é ser verdadeiro consigo mesmo. Sair constantemente de si mesmo pelos comandos da mente para outras energias, para o passado ou para o futuro, é uma forma de abandono. Viver inteiramente o presente nos preenche do que é real, não há espaço algum para frustração quando estamos no agora. Presença + seguir a verdade da alma = confiança. Ser confiável = Ser feliz. Honrar-se incondicionalmente, seguindo a própria verdade, é ser confiável para si mesmo. Essa é a âncora da quinta dimensão. Sedes confiantes para vós mesmos que encontrareis confiança nas relações e no mundo.

30

Relacionamentos na Quinta Dimensão

Ao caminharmos mais em direção ao nosso eu verdadeiro, também consequentemente nos movemos para o aprofundamento em um relacionamento mais ressonante. Quando estamos comprometidos com nosso desenvolvimento emocional e espiritual, não permanecemos em um relacionamento que nos afasta de nós mesmos. Isso serve para todas as relações. Não convivemos com pessoas que nos desconfirmam ou que nos seguram em nossa evolução. Torna-se cada vez mais desconfortável conviver com pessoas com as quais não somos plenamente quem somos. Temos vontade de estar com aqueles com quem naturalmente podemos ser. Estou me referindo a algo bem mais profundo do que estar com pessoas que nos apoiam ou não nos julgam. Podemos ficar bem com aqueles que nos criticam, desde que estejamos em nossa verdade. Se a crítica fizer sentido, podemos acolhê-la amorosamente; caso contrário, não colocamos nossa energia no olhar distorcido ou projetivo do outro. Não é o fato de sermos ou não julgados ou apoiados que torna legítimo estarmos com as pessoas. O que vale a pena é estarmos com pessoas que nos promovem crescimento ou com as quais somos mais de nós mesmos. Naturalmente, vamos nos afastando de pessoas que nos tiram de nós ou que permitimos sairmos de nós mesmos para melhor nos compormos com o outro. No processo de transformação pessoal não há espaço para uma supervalorização de outra pessoa, pois não podemos desacelerar nosso processo pessoal de evolução para nos encaixarmos com o outro. Isso pode funcionar somente por um tempo. O autoesquecimento para sustentar um relacionamento não se sustenta mais na quinta dimensão.

O sentido das relações é autorreconhecimento. Os rompimentos acontecem quando nada mais há para ser acrescentado. Os afastamentos ou separações têm mais a ver com o propósito do que com os sentimentos. O esvaziamento do afeto pode acompanhar ou não as separações. Mesmo das pessoas de quem gostamos muito, mas não estão contribuindo para um bem maior para nossas próprias vidas, acabamos por nos afastar. E ainda que o coração tenha vontade de estar com tais pessoas, a vida não se compõe para o encontro. Isso não significa que aqueles com quem temos um vínculo, mas estamos afastados, é porque nada mais há para ser acrescentado. Há fases em que precisamos estar mais próximos de uns do que de outros. Estamos sempre na melhor composição que precisamos estar para o nosso crescimento, quando nos comprometemos com ele.

Para os relacionamentos íntimos, isso é muito verdadeiro. Se queremos evolução, atrairemos um relacionamento que nos fará crescer. Nesse caso, a relação ser confortável não é a prioridade. Não importa como o outro seja, principalmente no que diz respeito às diferenças egoicas. Claro que nosso ego também precisa estar satisfeito na relação. Algum ganho ele sempre precisa ter para não se ressentir posteriormente. Porém, o prioritário não é a satisfação do ego, mas da alma. Tais relações facilitam para que sejamos nós mesmos. Querer modificar o outro para melhor encaixe para os egos é sabotar a integridade das relações. Em algum instante, o ego do outro se ressentirá com a manipulação, trazendo brigas ou separação. Egos ressentidos criam relações crônicas de irritação mútua. Quando o ego desperta de sua anulação, a crise pode ser a possibilidade de um novo arranjo mais legítimo para o relacionamento.

É um grande autoengano negar partes de si mesmo para encaixar-se melhor no relacionamento. Nesse caso, não me refiro somente a negar-se para melhor servir o outro. Qualquer aspecto de nossa multidimensionalidade negada no relacionamento nos trará dor e ressentimento. Os relacionamentos satisfatórios e duradouros são aqueles em que somos o máximo possível de nossa totalidade. Deixar de sermos quem somos para melhor compor com o outro também é levarmos menos de nós mesmos para ser amado. Amamos mais o outro que está em sua verdade e integridade e somos mais amados quando somos inteiramente quem somos. Gostamos de estar perto de pessoas na essência e é cansativo estarmos com pessoas mascaradas ou inconscientes de si mesmas. É uma grande falácia deixar de ser quem se é, em resposta à intenção da criança ferida de ser mais amada. Pois é justamente o contrário. Quanto mais o ser se manifesta em sua completude, mais gostamos de estar em sua companhia. Isso também é consequência da atração ressonante, pois o autoamor manifesta-se naturalmente quando integramos e manifestamos nossas partes. Cada aspecto nosso negado, ignorado ou não integrado é menos amor por nós mesmos. Autoamor atrai amor. Completude atrai completude. Todos os desajustes que encontramos nos relacionamentos são reflexo de nossas próprias desintegrações, bloqueios e limitações. Nunca teremos um relacionamento completo, porque não somos completos. Vamos nos tornando mais e mais completos a cada encarnação. Somos tão incoerentes, porque procuramos relacionamentos perfeitos, sendo tão imperfeitos. Imperfeição humana, porém perfeição divina. Portanto, a única forma de nos sentirmos satisfeitos em nossos relacionamentos é olharmos para nossos companheiros e companheiras a partir do olhar da alma. O olhar de ser para ser, além do olhar crítico e limitado do ego, é a única possibilidade de ficarmos mais confortáveis nas relações. Utilizarmos as imperfeições do relacionamento para olharmos para nossos próprios bloqueios é o melhor que podemos fazer pelo bem comum. Acusar o outro ou cobrá-lo apenas camufla nossas próprias limitações, já que o Universo está nos mostrando um espelho por meio do comportamento do outro para conosco. Além disso, a crítica e a cobrança ou aprisionam o outro ou ativam respostas reativas. A repressão gera congelamento ou rebeldia. O outro pode ser moldado e anulado até que a relação se torne bem desinteressante ou cronicamente tensa e densa. Outra resposta possível do outro que não se submete é a rebeldia. Nesse caso, a criança interna birrenta estará constantemente fazendo oposição ao repressor, sabotando-se e sabotando o relacionamento.

Nosso ego sempre encontrará defeitos no outro, porque a função psíquica dele é nos proteger. E em momentos de desalinho com a essência ele tenta nos proteger, enxergando o mal fora de nós e armando sua defesa, que podem ser: crítica, manipulação, repressão, cobrança, afastamento, agressão, entre outras manifestações reativas. Para aqueles mais espiritualizados, recuar para o mundo espiritual afastando-se do outro é a defesa mais comum. O problema do ego espiritual é que ele é o mais difícil de ser enxergado. Todos os conflitos de relacionamento são criados por distorções egoicas. E todo relacionamento explicitará questões pessoais para serem transformadas, porque essa é a função principal do relacionamento. O sucesso dos relacionamentos está em seu crescimento e em sua possibilidade de maior manifestação da própria essência. Relacionamentos em que as pessoas vão se tornando cada vez menos quem são, ocultando mais e mais a essência, não estão em seu propósito divino.

Todo relacionamento desperta luz e sombra. As sombras são reveladas para ser transformadas, não para que sejam fixadas. E a luz é despertada naturalmente no encontro de almas. O reconhecimento da essência do outro evoca sua manifestação.

O desafio dos relacionamentos encontra-se no próprio processo de transformação pessoal. Não existe relacionamento realizado sem o olhar a si mesmo, tanto no que diz respeito à transformação das próprias dissonâncias como a própria autonutrição. Trazer amor, alegria, prazer para a própria vida depende de sermos o amor, a alegria, o prazer. Depende de vibrarmos essas ressonâncias. O outro não pode nos conceder nenhum atributo que não tenhamos em nós mesmos. Atraímos o que somos. Ressonância atrai ressonância. Quanto mais nos concedemos amor, cuidando-nos e nos provendo em todos os níveis, alegrando nossa criança, sendo compreensivos e respeitosos com nossos egos e expressando nossa essência divina, maior é a possibilidade de encontrarmos parceiros e parceiras que também nos fornecerão tais aspectos. Se somos opressores conosco, iremos atrair parceiros opressores. Se somos amorosos com nossas partes humanas, como o corpo, o ego e a criança interior, então atraímos relações amorosas. O que damos a nós mesmos é o que iremos receber. Ao ser modificado o padrão de desamor a si mesmo, o relacionamento muda ou muda-se o parceiro, assim como as relações no geral. Porém, mudar de parceiro sem mudar o padrão é autoengano, pois certamente o mesmo roteiro se manifestará no próximo.

A realização afetiva depende totalmente da própria autorrealização. Toda condição colocada fora de nós mesmos traz sofrimento e frustração. A quinta dimensão traz a frequência da interdependência. Tudo que estiver fora dessa vibração terá sofrimento. A independência como máscara separatista e a codependência como máscara vitimista são dinâmicas dolorosas. O independente, que se separa do outro, escondendo-se em uma defesa de superioridade ou de indiferença, pode ter mais dificuldade de encontrar sua dor. Mas ela está lá, podendo ser manifesta de forma indireta por meio de doenças físicas, porque o amor negado, a dor não chorada, os sentimentos reprimidos precisam encontrar um caminho. Outras possibilidades de sofrimento indireto para tal dinâmica é estabelecer relações esvaziadas, vida sem cor, dificuldade de encontrar ou sustentar o prazer e a alegria na vida. Um aumento da energia amorosa pode ser seguido de um desentendimento. Uma situação alegre pode atrair uma atribulação a seguir. Muitas vezes o separatista precisa passar por um trauma para entender que o outro também é importante para a a sua vida. Muitas defesas são erguidas para proteger a criança frágil e abandonada do separatista. As resistências podem ser quebradas com o processo de desenvolvimento consciente, mas muitas vezes o trauma físico, emocional ou social é que facilitam o caminho para o reconhecimento e acolhimento da antiga ferida. A dor do codependente é mais facilmente evidenciada. Enquanto o separatista coloca uma máscara em cima da máscara, a do autossuficiente sobre a do abandonado, para esconder de si mesmo sua dor, o codependente mostra e apega-se a ela. Muitas vezes, em tentativas manipuladoras para obter algo em troca, explicita sua dor. A vítima coloca o poder no externo, esvaziando-se de si mesma. A recuperação do próprio poder, em consequência de uma parceria amorosa consigo mesmo, é a saída do mundo doloroso do codependente.

O independente aprenderá a lição de que o outro também é importante e o codependente, que sua própria totalidade o proverá. Podemos nos identificar mais com um ou com outro, mas geralmente há uma composição entre ambos. Em alguns relacionamentos ou com determinadas questões podemos estar mais em uma ou outra polaridade. A interdependência é a possibilidade de maior satisfação afetiva. Ser quem se é em sua completude, compartilhando com o outro. Segue abaixo um exercício que praticamos na transpessoal para facilitar nossa completude e nossa complementação com o outro.

Integração ressonante:
- Entrar na ressonância da alma;
- Entrar na ressonância do corpo (conexão com o primeiro chacra pode facilitar);
- Entrar na ressonância da criança essência (conexão com o quarto chacra);
- Entrar na ressonância do ego (conexão com o terceiro chacra);
- Intencionar encontrar uma ressonância harmônica entre os quatro (nessa integração nos sentimos plenos).

É um exercício de autocompletude. Pode ser praticado diariamente ou para resolver uma questão. Entrar na ressonância da integração de todas as partes e intencionar encontrar uma ressonância entre a ressonância de todas as nossas partes e a questão.

Para relacionamentos:
- Ressonância da alma com a alma do outro – trazendo amor e propósito;
- Ressonância do corpo com o corpo do outro – trazendo conforto e prazer;
- Ressonância da criança com a criança do outro – trazendo alegria e criatividade;
- Ressonância do ego com o ego do outro – trazendo valor.

31

Integração para a Completude Afetiva

Não existe barganha no amor para o ser completo. Se pusermos condições que retiram algo importante de nós mesmos para nos encaixarmos com o outro, essa parte nossa traída por nós mesmos se ressentirá. Partes negadas, esquecidas ou traídas de nós mesmos encontrarão um caminho de expressão não positivo, trazendo desconfortos emocionais ou até mesmo físicos. Relacionamentos saudáveis acontecem com pessoas conscientes de suas partes. A consciência impossibilita a sabotagem de algum aspecto. O ser consciente pode se abrir para um relacionamento inteiro sem barganha. Colocando-se nessa posição, é possível encontrar a pessoa que complementa com a completude. A completude interna atrai a completude externa, porque no holograma da vida, onde estão presentes todas as ressonâncias, uma delas é o encaixe perfeito que está disponível. Tal processo acontece sem qualquer esforço ou controle egoico, mas magicamente na orquestra da vida. Veja, a seguir, sobre o amor na quinta dimensão. Completude atrai plenitude.

32

Amor Integração

O amor integração não é proveniente da sorte nem do acaso, mas uma recompensa pelo longo trabalho integrativo. Ele é a manifestação da unificação da alma, do corpo e do ego. Acontece quando o ser que se tornou verdadeiramente completo em si mesmo encontra outro ser também inteiro. Ambos sabem amar porque, para se tornarem completos, vivenciaram o amor por si mesmos. Assim, é fácil amar o outro quando já se atravessou a árdua jornada de amar a si mesmo.

O amor integração não nega os amores vividos, mas honra-os com gratidão, pois eles serão sempre um pedaço presente na completude. Cada amor vivido foi a possibilidade de uma parte relembrada de si mesmo. Tal amor é uma colcha de retalhos dos pedaços integrados dentro e fora.

O amor integração é produto de um caminho e só pode ser colapsado na maturidade. Embora possa existir a paixão, não há um desejo de devorar ou engolfar o outro. Ele conhece o tempo, respeita limites, preserva a liberdade, honra a individualidade e é capaz de plantar e colher na medida certa da perfeição divina. Não tem medo, nem pressa, nem expectativa porque ele já é. Não se espera nada porque já é tudo. Como esse tudo já aconteceu no ser individual, então a felicidade dessa completude não é fornecida pelo outro, mas refletida nele. Logo, não há peso nem cobrança, mas autorreconhecimento e reconhecimento.

O amor essência não só respeita e dá liberdade para que o outro seja quem ele é, mas cria um espaço de confiabilidade e acolhimento suficientes para que ambos se tornem cada vez mais quem são verdadeiramente.

Esse amor traz paz, mas também é muito estimulante. É fogo em sua chama, Terra em sua consistência, ar em sua liberdade e água em sua fluidez. O amor integração são os quatro elementos integrados. É também a integração da criança, da juventude e da maturidade. É a integração das dualidades, sendo capaz de manifestar unidade no mundo de oposições. Porém, diferentemente do amor romântico, ele não escapa para um universo paralelo, mas é a unificação nesse mundo real. É a quinta dimensão manifestada na terceira. É também a integração das dimensões. É a alma da quinta, o amor da quarta, a individualidade da terceira, o entusiasmo da segunda e a raiz da primeira. É alma, corpo e ego reconhecidos e realizados. São os sete chakras em ressonância. Assim como as borboletas só casam com outras com as mesmas listas, o amor integração emparelha as ressonâncias, porém não é a simbiose da segunda dimensão, mas a atratividade das frequências alinhadas com a essência.

Como é produto da ressonância, tal amor não é trabalhoso, mas leve e encaixado nos níveis existenciais das partes. E completamente apoiado pelo fluxo divino. É uma verdade divina materializada na Terra, ainda contribuindo para que outras verdades também se manifestem. Assim, ele está além da realização pessoal, mas encontra-se no nível transpessoal, integrando também o propósito individual e coletivo.

Ao meu amor ressonante nos sete chacras,
Wa Melo.

33

A Alma na Condução da Vida

Nada segue mais o princípio da incerteza de Heisenberg quanto a área de relacionamentos. A imprevisibilidade da forma e a posição dos elétrons revelam que absolutamente tudo na vida são probabilidades. Nada é certo e fixo. Em se tratando de relações, isso é bem verossímil. A maior falácia das relações é a tentativa de previsão do outro. Parece um paradoxo: o amor precisa estar sempre junto da certeza, entretanto a imprevisibilidade é inerente à própria vida. Vamos entender que o imprevisível é o oposto da certeza somente na terceira dimensão. O que buscamos como certo no nível egoico é a estabilidade. Porém, para o nível da alma, a certeza não está em paralisar a energia e congelar o fluxo para uma pseudossegurança. Ter certeza a partir do ego é querer que as coisas sejam estáticas e previsíveis para nos sentirmos confortáveis. Ter certeza a partir da alma é saber que a força da ressonância é imperativa. Sendo assim, as escolhas da alma são seguras e confortáveis sem serem estáticas e aprisionantes.

Quando as escolhas são provenientes da alma, há a certeza de que a manifestação mais importante para o crescimento e para a completude essencial é a que acontecerá. Podemos ter a certeza de que o que escolhemos a partir da alma é o que nos conduz à felicidade. Raramente acertamos em qual formato a manifestação acontecerá. O grande autoengano é nos prendermos no desejo da configuração, em vez de lançar a intenção da alma e permitir que nosso eu superior, comungando com os apoios do Universo, traga o melhor aprendizado. A felicidade só pode se tornar uma constante quando simplesmente contemplamos cada momento criativo da vida. O que a vida criou é o instante perfeito.

A certeza não está na manifestação, mas no que a precede. A intenção legítima é que pode trazer a certeza. Se dependermos de como as coisas se manifestarão para nos sentirmos realizados, então nos tornamos codependentes e reféns. Se colocarmos a ênfase no ser e não no ter, a realização só depende do próprio eu, entendendo este eu não como o solitário egoico, mas o eu pleno integrado. Se já somos, pouco importa o que teremos. Se sou o amor, ter o amor torna-se dispensável, assim, ele deixa de ser perseguido. E tornando-se livre, ele flui para nossa vida. Se somos o amor, teremos o amor. Mas a certeza não está no ter, mas no ser. Quando colocamos a certeza no ter, há grandes possibilidades de decepção. Mas se nosso enfoque é o ser, a certeza já está presente. Consequentemente, já somos.

Não é jogar para o Universo, é sustentar a intenção com ação em parceria com ele. Trabalhar sem separação com o todo e sem codependência. Deixar que o Universo resolva é codependência, não tem força para realizar. E querer controlar os resultados é sabotar o princípio da vida. Uma possível equação: querer + fazer + liberar = possível realização (com cenário imprevisível, mas confortável para a alma).

"Quem sabe faz a hora, não espera acontecer", mas também, "deixa a vida me levar". E o que não é para acontecer porque não tem ressonância para se manifestar, obviamente não acontecerá, por mais que haja esforço.

Quando o ego aceita a intenção da alma, ela mobiliza o holograma para a realização. A conspiração do Universo a favor dos anseios da essência acontece quando o nível humano consente. Quando o consentimento é claro e preciso, a intervenção da alma no holograma da vida se dá com facilidade. Os obstáculos acontecem quando a comunicação entre o nível da alma e o humano não está alinhada.

Quando não obtemos o que queremos é porque nos iludimos atribuindo muito poder a uma parte de nós mesmos, em detrimento de nossa totalidade. Muitas vezes é só uma parte nossa que quer algo e confundimos com o todo. Mas o Universo não obedece aos comandos de partes cindidas de nós, mas ao nosso eu em sua totalidade. Essa parte de nós que não obteve o que desejou sente-se ferida, mas tal dor traz sempre a possibilidade de uma cura mais profunda dessa parte não integrada. A dor emocional passa quando entramos em nossa inteireza e desvendamos a separatividade e integramos essa parte.

Seguimos em frente sempre com quereres. Os que provêm da verdade mais profunda da alma serão atendidos pela natureza divina e outros não podem ser manifestados pela criação. Mas todos são legítimos, porque as realizações confirmam o propósito, e as decepções possibilitam a iluminação da consciência; consequentemente, também servem ao propósito.

34

A Conexão Com a Alma na Quinta Dimensão

A quinta dimensão é uma vibração de luz mais pura e verdadeira. Lógico que não passamos impunes da robótica da terceira para uma vida leve. A quarta dimensão, que é a passagem, tem como propósito principal a justiça. A quarta dimensão é a vibração do amor. Mas o que é o amor? Poetas, filósofos, psicólogos, muitos já descreveram o amor. Por ser uma ressonância, não tem como definirmos em palavras, além de ser uma experiência subjetiva. Amor vai muito além do apego, do cuidar, do romance. Entre suas várias formas de manifestação ou distorção está a justiça. O amor é justo. A quarta dimensão é ajuste.

Como chegar à dimensão da verdade sem justiça? Entre a dimensão da estrutura, a terceira, e da verdade, a quinta, está a justiça. Tudo que for contrário à vibração da justiça será desestruturado para ser revisto. Padrões como dominação, submissão, manipulação, egoísmo, egocentrismo, vitimização, entre outros, terão consequências dolorosas para ser revistos. As vítimas também estão na injustiça quando ocupam esse lugar. Isso porque não estão sendo justas consigo mesmas. Então, não só os algozes, mas também as vítimas estão sofrendo ainda mais nessa passagem. A força da justiça chegou à quarta dimensão retirando todas as nossas máscaras. Não há mais lugar para o opressor nem para a vítima, no social, no afetivo e em todas as áreas. As identificações egoicas não se sustentam mais. Enquanto vivenciamos as experiências a partir do ego, estamos sofrendo.

Quando perguntaram para Gandhi se ele havia perdoado as ofensas de seus inimigos, sua resposta foi que ele nunca havia sido ofendido. Claro que há aqueles que desprezaram tanto o nível humano que negam suas dores com uma máscara de superioridade. Esse não foi o caso de Gandhi, pois emanava verdade e amor. Os identificados com a máscara de evolução, indiferença ou superioridade não são leves, nem transmitem verdade.

O quanto nos sentimos ofendidos diz o quanto estamos no ego. Sentir-se ofendido, quando não há uma ofensa real à nossa integridade, é supervalorizar a própria importância. É a reatividade proveniente de um sentimento de desamor, quase sempre oculto. Torna-se mais fácil permanecer reagindo e culpando outros do que olhar e acolher a ferida profunda. Um eu que se sente ofendido sempre irá ofender. A sensação da ofensa está no deslocamento de entregarmos nossa criança para que o ego cuide, em vez de nossa própria essência. Enquanto um gera ônus, o outro, bônus. Ambos têm a função da proteção. Porém, quando essa tarefa permanece sob o domínio do ego, a proteção é falha, além da possibilidade de prejuízos para si e para o todo. O ego ofendido é um dos principais contribuintes para a intoxicação emocional. A alma nunca se ofende. Logo, a conexão com a alma também repele a aproximação de egos ofensivos. O motivo principal da maior parte das brigas é que uma das partes se sentiu ofendida. A forte identificação com o ego, para autoproteção, enxerga distorcidamente situações como ofensivas. Muitas vezes há um aspecto narcísico que percebe grande parte das ações do outro contra o eu.

A dor está sempre na dimensão egoica, porque no nível da alma está tudo certo e perfeito. Quando estamos na dimensão da alma, não sentimos desconforto, não temos problemas nem nos sentimos sem saída. Vibrar na frequência da alma é vibrar na quinta dimensão. Não apenas modificamos a visão dos fatos, mas alteramos a realidade para uma qualidade mais limpa, pura e integrada, quando estamos nessa frequência. Relacionar-se com as pessoas e com o mundo a partir dessa vibração é curar todos os desalinhos, pela possibilidade da conexão além das imperfeições e diferenças. O alinhamento das relações está na priorização da conexão com a alma e não com o ego. Os egos sempre decepcionam porque nessa conexão sempre há diferenças, e o ego rejeita a diferença.

O amor essência está além do nível humano, sendo capaz de manter o amor apesar das diferenças. O que o ser é está muito além de suas crenças egoicas. Amar é amar o outro além de suas crenças. Quando pensamos diferentemente das pessoas que amamos, temos a oportunidade de praticarmos o respeito. A codependência pode levar o indivíduo a fazer conchavo com o ego do outro, passando até a pensar como o outro pensa, para não conflitar. Não é nem fazer oposição nem conchavo. O amor essência ama o outro e muitas vezes silencia diante das diferenças. Na dimensão da alma não há a emergência de querer mudar o outro, porque nessa dimensão o amor é maior que o medo. O medo está na raiz do narcisismo, que espera a mudança do outro. E também é o medo inconsciente ou consciente do abandono que faz o ego se modificar ou camuflar para se adaptar ao outro.

A conexão com a alma cura o medo do abandono, curando assim grande parte das feridas das relações. O humano só sente o abandono porque está desconectado de sua alma. Quando o casamento entre alma e corpo ou alma e ego, ou ainda, entre nosso eu divino e nosso eu humano acontece, não há mais solidão, tampouco medo de abandono. Tal integração elimina grande parte dos conflitos relacionais, como rejeição, ciúme, competição, insegurança, entre outros bloqueios originados do medo. A unificação entre as próprias dimensões individuais é a base para a união com o outro. Se não estamos com algum pedaço de nós mesmos integrados, então iremos buscar no outro. Essa é a armadilha para as decepções e adoecimento das relações. A busca do próprio pedaço no outro acontece na maior parte das relações íntimas. As pessoas se atraem por ressonância das almas, mas também por partes faltantes que podem ser ilusoriamente encontradas no outro. A autosseparação promove a busca do engolfamento do outro. Assim, a conexão entre as almas fica mais escondida na relação, enfatizando o encontro dos egos em suas urgências infantis. O estado de autosseparação conduz à codependência, que é uma ilusão da unificação. Só estamos plenos na verdadeira unificação com o outro quando ela acontece entre as almas e não entre os egos.

Entre egos não há unidade, mas mistura. A unidade preserva a inteireza, enquanto a codependência mantém a falta dos pedaços dos indivíduos. O medo inconsciente de olhar para as partes faltantes mantém a relação no nível codependente. Quando o ser realizou boa parte do processo de autounificação, então, por ressonância, encontra outro ser inteiro para um relacionamento na unidade. Somos separados nos egos, mas unificados na alma. Nas relações da quinta dimensão, buscamos a individuação do nível humano e a unidade do nível divino. O indivíduo que encontrou suas partes e empoderou-se de si mesmo pode, em um primeiro momento, apresentar uma maior manifestação egoica ou individualista. Porém, essa é apenas uma etapa inicial, quase uma segunda adolescência, quando há uma rebelião para o encontro do si mesmo. À medida que o processo de individuação aumenta, a abertura para a conexão com as essências das pessoas também pode expandir.

Se amamos verdadeiramente os seres humanos é porque estamos mais inteiros e ancorados em nossa alma. Assim, nós os amamos porque ressoamos na unidade. Mas se nos irritamos ou desprezamos de alguma forma qualquer humano é porque estamos desencaixados de nossa alma. A integração completa entre alma e humano nos confere a habilidade de fluir amor e receptividade para tudo que existe. Qualquer forma de preconceito, rejeição ou desprezo é reflexo de que nos desconectamos da fonte divina que somos, tornando-nos impossibilitados de reconhecermos o divino no outro. Abandonamos o outro quando nos abandonamos, pois o sentimento de abandono, que vibra no medo, cria as defesas que nos separam do outro. A origem de todo mal contra o outro encontra-se no autoabandono, que quase sempre é inconsciente, escondido atrás de uma máscara egoica de supervalorização de si mesmo (prepotência) ou de baixa valorização (vitimização).

O abandono só existe no nível humano, já que no nível da alma não há separação. Quanto maior é a conexão com a alma menos sentimos abandono, porque não nos sentimos desconectados do outro.

O bebê dá um salto de maturação emocional quando se sente conectado com a mãe, mesmo que esta não esteja presente fisicamente. Uma das origens emocionais do abandono e do ciúme encontra-se na falha dessa passagem. Quando estamos conectados no nível da alma com o outro, não importa distância física ou tempo, porque a nutrição amorosa está presente. Essa conexão possibilita a dissolução das emoções tóxicas das relações.

A integração da alma com o humano é a cura das relações, bem como de todos os males da Terra. Se queremos melhorar a sociedade, vamos olhar primeiro para as nossas próprias desintegrações, em vez de ficarmos em posições de reatividade e oposições, que só reforçam o mal. E se queremos melhorar o planeta, vamos olhar nossos núcleos que nos desintegram, em vez de ficarmos com máscaras de superioridade, pregando paz, mas com um desprezo inconsciente pelos seres humanos.

Carl Jung, precursor da transpessoal, muito ressonante com o propósito do Espaço Essência, presenteia-nos com esta frase: "Não há tomada de consciência sem dor. As pessoas farão qualquer coisa, não importa o quão absurda, para evitar enfrentar a própria alma. Não se torna iluminado imaginando figuras de luz, mas vivendo conscientemente a escuridão". Sem tempo a perder com superficialidades. A sustentação da felicidade na Terra não se dá sem a passagem pela totalidade da consciência. A urgência pela verdade e consciência está potencializada e continuará assim, sem trégua. Tudo que existe precisará se alinhar com a verdade do propósito, mais cedo ou mais tarde.

Há alguém ou alguma circunstância que fará o personagem de Judas em nossas vidas, empurrando-nos a um processo iniciático. Nesse encontro perfeito entre a circunstância e o anseio mais profundo de ir além, temos a oportunidade de verdade e liberação. Ninguém faz esse processo sorrindo em seu nível humano. Mas a alma está plenamente feliz. E vivendo essa passagem em dois universos entre a plenitude da alma, a quinta dimensão e a dor do eu humano da terceira dimensão, seguimos adiante em direção à ressurreição. Permanecendo a ressonância e liberando a história. E não há algozes nem vítimas, pois a maior dissonância também serve ao todo. Judas e Jesus tiveram seus propósitos em diferentes níveis de consciência.

MADRAS Editora — CADASTRO/MALA DIRETA

Envie este cadastro preenchido e passará a receber informações dos nossos lançamentos, nas áreas que determinar.

Nome _____
RG _____ CPF _____
Endereço Residencial _____
Bairro _____ Cidade _____ Estado _____
CEP _____ Fone _____
E-mail _____
Sexo ❏ Fem. ❏ Masc.   Nascimento _____
Profissão _____ Escolaridade (Nível/Curso) _____

Você compra livros:
❏ livrarias   ❏ feiras   ❏ telefone   ❏ Sedex livro (reembolso postal mais rápido)
❏ outros: _____

Quais os tipos de literatura que você lê:
❏ Jurídicos   ❏ Pedagogia   ❏ Business   ❏ Romances/espíritas
❏ Esoterismo ❏ Psicologia ❏ Saúde   ❏ Espíritas/doutrinas
❏ Bruxaria   ❏ Autoajuda   ❏ Maçonaria   ❏ Outros: _____

Qual a sua opinião a respeito desta obra? _____
_____

Indique amigos que gostariam de receber MALA DIRETA:
Nome _____
Endereço Residencial _____
Bairro _____ Cidade _____ CEP _____

Nome do livro adquirido: **Propósito da Essência**

Para receber catálogos, lista de preços e outras informações, escreva para:

MADRAS EDITORA LTDA.
Rua Paulo Gonçalves, 88 – Santana – 02403-020 – São Paulo/SP
Caixa Postal 12183 – CEP 02013-970 – SP
Tel.: (11) 2281-5555 – Fax.:(11) 2959-3090
www.madras.com.br

MADRAS® Editora

Para mais informações sobre a Madras Editora,
sua história no mercado editorial
e seu catálogo de títulos publicados:

Entre e cadastre-se no site:

www.madras.com.br

Para mensagens, parcerias, sugestões e dúvidas, mande-nos um e-mail:

marketing@madras.com.br

SAIBA MAIS

Saiba mais sobre nossos lançamentos,
autores e eventos seguindo-nos no facebook e twitter:

@madrased

/madraseditora